Devil Stick

D1918815

Liebe Antjana,

alles Liebe zu deinem 24.sten Ehrentag!

Viel Spaß beim lesen + üben, damit

Brasilien nur ein kleiner Vorgeschmack bleibt :)

Auf ein richtig schönes Jahr!

Alles Liebe,

von der Anja

Devil Stick

Todd Strong

edition aragon

Bilder:

Umschlagrückseite + Seiten 6 / 79 / 91 / 92 / 94 / 95 / 97 / 99 sind von Werner Lüft

Das Bild auf Seite 93 ist mit freundlicher Genehmigung von Jochen Schell gedruckt worden

5. Auflage 2002

Verlagsgesellschaft mbH
Neumarkt 7-9
D-47441 Moers

Lektorat: Willi Klauke
Übersetzung: Paul Keast, Gaby Keast
Satz: S & ES, Vettelschoß
Druck: Memminger MedienCentrum AG
Printed in Germany
ISBN 3-89535-408-2

Inhaltsverzeichnis

Neil Stammer im Cirque Gruss in Berlin

Kapitel I

Erste Lernschritte mit dem Devil Stick

Hier sind einige Tips, wie du anfangen kannst, mit deinem Devil Stick-Set zu spielen. Ich werde verschiedene Methoden angeben — einige sind einfacher, andere schwieriger. Probiere sie alle aus. Die ersten zwei Techniken sind besonders wichtig, da sie die Grundmuster sind, von denen sich die fortgeschrittenen Tricks ableiten. Die anderen Übungen sind nützlich, weil du durch sie ein Gefühl für das Gewicht und das Verhalten des Devil Stick entwickeln kannst. Und sie können in kompliziertere Trickfolgen eingebaut werden.

Geh die Variationen schnell durch, und konzentriere dich dann auf diejenigen, die dir am besten liegen. Aber laß die anderen nicht völlig außer acht, denn sie können in der ständigen Wiederholung als angenehme Abwechslung dienen.

Du solltest in kurzen Zeitabschnitten üben. Am Anfang, bevor es dich richtig gepackt hat, reichen fünf bis zehn Minuten vollkommen. Häufige kurze Übungsabschnitte sind dazu geeignet, die Frustration zu minimieren, die einige erleben, wenn sie einen Trick nicht sofort beherrschen. Gehe lieber zu einer anderen Übung über, wenn du frustriert bist, oder lege die Stöcke bis zum nächsten Mal weg. Dies mindert deine Nervosität und beugt der Gefahr vor, daß du dir in deiner Unkonzentriertheit Fehler angewöhnst. Pausen geben dir auch die Möglichkeit, den Devil Stick mal aus einer anderen Perspektive zu betrachten, was den Spaß für dich und die Menschen um dich herum nur erhöhen kann.

Im Geiste der Freude und des Staunens über den Zauber, der mit dem Devil Stick hervorgebracht werden kann, stelle ich dir dieses Buch zur Verfügung. Die Erfahrung hat mir gezeigt, daß der Lernprozeß genausoviel Freude bereiten kann wie schließlich die Fähigkeit, die Tricks perfekt auszuführen. Sobald du einen Trick gemeistert hast, versuche weitere neue Tricks. Auf diese Weise wirst du zwar zum Experten, bleibst aber immer auch Anfänger. So wird dir das Spiel mit dem Devil Stick nie langweilig.

Einige kurze Gedanken

Wenn du einen neuen Trick lernst, achte darauf, ob du ein Zungenherausstrecker oder ein Unterlippenbeißer bist. Eine Zeitlang konnte ich bestimmte Tricks nicht machen, ohne auf meine Unterlippe zu beißen. An einigen Tagen konzentrierte ich mich ausschließlich darauf, nicht auf die Lippe zu beißen — der Trick selbst war sekundär. Du kannst den Devil Stick als ein Mittel anwenden, um festzustellen, wie du auf neue Erfahrungen reagierst. Somit ist der Devil Stick als Streß–Management–Spielzeug ideal geeignet.

Über das Atmen

Während du mit dem Devil Stick spielst, ist es wichtig, daß du normal atmest. (Überhaupt ist in vielen Lebensbereichen die richtige Atmung sehr wichtig; aber wir wollen den Rahmen dieses Buches nicht sprengen.) Wenn du nicht atmest, wirst du viel schneller müde, was deine Übungszeit einschränkt und deinen Fortschritt bremsen kann. Außerdem wirst du blau anlaufen. Auch wenn dieser Zustand nur vorübergehend ist, wird es deinen Freundes- und Familienkreis doch sehr beunruhigen, daß du an Zyanose zu leiden scheinst.

Zwei Weisheiten aus dem Aikido

Ein Freund von mir namens John, der Aikido praktiziert, erinnert mich ständig an zwei Grundsätze: “Konzentriere dich auf den Lernprozeß” und “Anfänger machen große Kreise, Meister machen kleine Kreise”. Irgendwie scheinen mir diese Sätze gerade hier von großer Relevanz zu sein. Zur — freilich unvollständigen — Erklärung:

Um die Stöcke tanzen zu lassen, ist es wichtig, daß du dich auf das, was du gerade tust, konzentrierst. Die Schwerkraft hat die hartnäckige Angewohnheit, den Tanz zu beenden, wenn du dem Devil Stick nicht deine ganze Aufmerksamkeit schenkst. Sollten deine Gedanken abschweifen — wie bringe ich diesen Monat die Miete auf? was gibt's wohl heute zum Nachtisch? — wirst du bald feststellen, daß nicht du sondern die Schwerkraft das Kommando hat. Also: “Konzentriere dich auf den Lernprozeß”.

Die meisten Bewegungen mit dem Devil Stick sind subtil, so wie die meisten Bewegungen im Leben subtil

sind. Als Anfänger versuchen wir, das richtige Muster zu erraten, und sind von so viel ungewohnter Betriebsamkeit etwas überwältigt. Durch Übung, Fehler und Feedback werden unsere Muster etwas straffer. Diese Straffung der Muster nennen wir "Lernen" oder "Erziehung" oder "Leben". Wir alle machen Kreise, mit dem Devil Stick und auch mit anderen Dingen. Der Anfänger macht große, ungleichmäßige Kreise; der Meister macht kleinere, präzisere Kreise.
Auf die Meisterschaft!

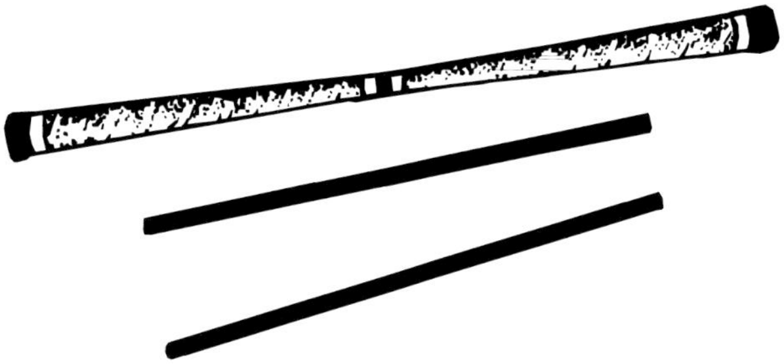

Devil Stick-Vokabular

Wollen wir loslegen? Zunächst wollen wir einige häufig verwendete Ausdrücke und Konventionen klären.

Zur Zeit gibt es keine Standardbezeichnungen für die verschiedenen Teile des Devil Stick-Satzes. Ich beschreibe die zwei kürzeren Stöcke, von denen einer in jeder Hand gehalten wird, als die "Handstöcke", und den größeren Stock mit Verjüngung zur Mitte hin als "Mittelstock". Da die Aufmerksamkeit beim Spiel mit dem Devil Stick hauptsächlich auf diesem Mittelstock liegt, bezeichne ich diesen einen als den Devil Stick.

An den Enden und in der Mitte des Mittelstockes befinden sich Deko-Streifen. Das sind wichtige Stellen, die schnell erkennbar sein müssen. Außerdem helfen dir diese Streifen, zwei weitere wichtige Stellen zu finden, die "Viertel". Die Viertelpunkte befinden sich auf halber Höhe zwischen der Mitte und dem jeweiligen Ende, oder — anders ausgedrückt — auf Viertelhöhe von unten und von oben.

Halte die Handstöcke vor dich. Der Mittelstock schwebt dazwischen. (Ja, ich weiß, daß das unmöglich ist. Streng deine Phantasie an!) Wir befinden uns jetzt in der "Ausgangsposition" und können einige Richtungen gemeinsam festlegen.

Der Mittelstreifen teilt den Mittelstock in eine obere und eine untere Hälfte.

Stelle dir eine senkrechte Linie vor, die den Mittelstock in zwei Längshälften teilt. Der Mittelstock hat jetzt zwei Seiten: die linke, die zur linken Hand fliegt, und die rechte, die zur rechten Hand fliegt.

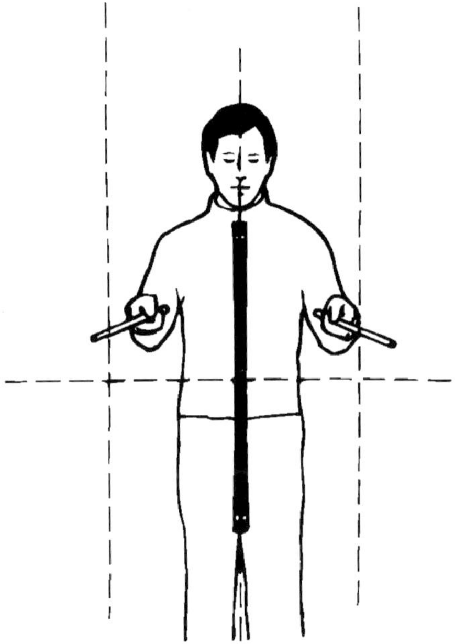

Hinzu kommen zwei Vertikalebenen durch deine Arme und Hände, die den Luftraum vor dir in drei Zonen aufteilen. Links von deiner linken Hand und rechts von deiner rechten Hand befinden sich die beiden Außenzonen. Die Lücke zwischen den Händen ist die dritte, die Innenzone. Hier in dieser Innenzone, ungefähr auf Hüfthöhe, ist die Ausgangsposition, wo die meisten Tricks ausgeführt werden.

Stelle dir schließlich eine Wandebene vor, auf der sich der Mittelstock normalerweise bewegt. Diese Wandebene verläuft senkrecht zu den Handstöcken. Eigentlich können wir uns mehrere Wandebenen vorstellen: die erste, in Handnähe, wäre die nahe Wandebene, während die zweite, kurz vor der Handstockespitze, die weite Wandebene heißen könnte.

Die Handhaltung

Die Abbildung zeigt die Art, wie die meisten Devil Stick-Spieler am bequemsten und kontrolliertesten die Handstöcke halten. Der ausgestreckte Zeigefinger am Handstock dient der besseren Übertragung deiner kontrollierenden Bewegungen zum Mittelstock. Deine Handfläche und dein Zeigefinger berühren den Hand-

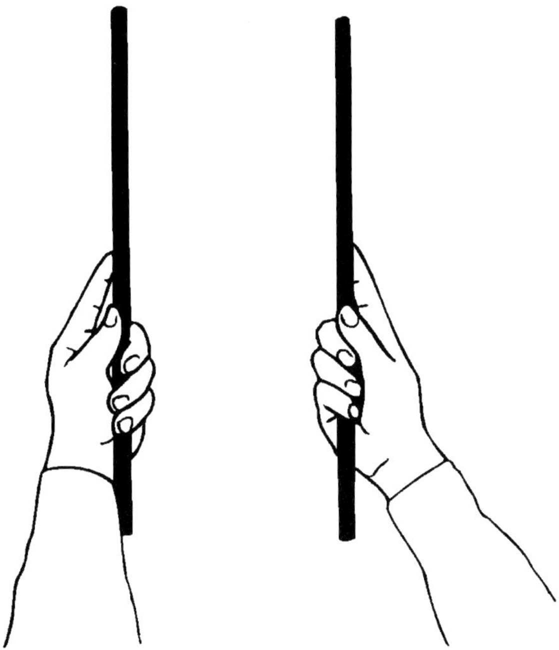

stock an zwei Stellen, und diese zwei Bezugspunkte lassen dich besser spüren, was am Ende des Handstockes los ist.

Die zu dir zeigende Spitze des Handstockes sollte nicht in der Handfläche liegen sondern ca. 2-3 cm darüber hinausragen. Somit kannst du den Handstock sicher greifen, ohne ihn krampfhaft festzuklammern, und deine Handmuskeln werden nicht so schnell müde.

Andere Handhaltungen sind möglich. Probiere andere Variationen aus, um festzustellen, welche für dich die bequemste und effektivste ist. Aber für die Mehrheit funktioniert diese oben beschriebene Handhaltung am besten, zumindest am Anfang.

Bei den meisten Tricks sollte der Mittelstock die Handstöcke an einer Stelle ca. 2-5 cm von deren Außenspitzen berühren.

Doppelschlag, Anfangsmethode Eins

Die erste Technik, die du probieren solltest, heißt "Schnappen", "Schnellschlag" oder "Doppelschlag". Wenn du schnappst, berühren beide Handstöcke den Mittelstock gleichzeitig. Im Vergleich zu anderen Techniken hast du die doppelte Angriffsfläche und somit doppelt so viel Kontrolle. Sobald du gelernt hast, die Auf-und-Ab-Bewegung der Arme zu koordinieren, dürfte dir der Doppelschlag ziemlich leicht fallen.

Lehne den Mittelstock an den rechten Handstock, und zwar am oberen Viertelpunkt d.h. auf halber Höhe zwischen dem Mittelstreifen und dem oberen Ende des Mittelstockes. Lege den linken Handstock an die andere Seite des Mittelstockes, und zwar am unteren Viertelpunkt, d.h. auf halber Höhe zwischen dem Mittelstreifen und dem unteren Ende. Der Mittelstock sollte jetzt im 45° Winkel schräg nach rechts stehen.

Schiebe deine rechte (obere) Hand nach links, damit der Devil Stick schräg nach links steht. Das Ende des Mittelstockes ist immer noch auf dem Boden. Hebe die linke und senke die rechte Hand, während der Mittelstock umkippt, um ihn so aufzufangen. Die linke Hand befindet sich jetzt zwischen dem Mittelstreifen und dem oberen Endes des Devil Stick, die rechte zwischen Mittelstreifen und unterem Ende. Beachte, daß deine Hände nicht auf die andere Seite des Mittelstockes wechseln, sondern nur von der oberen zur unteren Hälfte und umgekehrt.

Der obere Handstock ist für den Mittelstock so etwas wie eine Rampe. Experimentiere mit der Lage und dem Winkel des Handstockes, um den Mittelstock entweder zu dir hin- oder von dir wegrollen zu lassen.

Wenn du den Handstock waagerecht und im rechten Winkel zum Mittelstock hältst, dürfte dieser gar nicht rollen. Wenn du die Handstöcke waagerecht und gerade vor dich hältst, wird der Mittelstock immer in der Wandebene bleiben, ohne nach vorne oder nach hinten zu fallen, während du ihn hin- und herschiebst. Benutze die Schulter- und Ellenbogengelenke, um die

Handstöcke zu heben und zu senken, damit die Handstöcke waagerecht bleiben. Wenn du die Handgelenke dazu einsetzen würdest, würdest du den Winkel der Rampe ändern, und der Mittelstock würde sich im horizontalen Bogen hinüberdrehen, statt senkrecht und gerade hin- und her zu pendeln.

Wenn du die Handstöcke nicht parallel sondern im offenen "V" hältst, schiebst du den Mittelstock nach vorne aus der Wandebene hinaus, während ein geschlossenes "V" ihn zu dir hinfallen läßt.

O.K., laß uns jetzt mal schauen, wie es läuft. Jedesmal, wenn der Mittelstock hinübergeschoben wird, schnappst du ihn zwischen den beiden Handstöcken. Die Handstöcke berühren ihn gleichzeitig. Mittlerweile hast du gelernt, den richtigen Punkt zu treffen, d.h. auf halber Höhe zwischen Mittelstreifen und Ende. Die Handstöcke bleiben waagerecht. Der Mittelstock pendelt gerade hin- und her, ohne aus der Wandebene hinauszuwandern. Super!

Nun machst du genau das gleiche, aber diesmal in der Luft. Aus irgendeinem Grund finden dies einige Leute selbstverständlich, während andere total perplex sind. Wenn du weitere Hinweise haben möchtest, lies weiter.

Die obere Hand hebt den Mittelstock vom Boden. Richte es so ein, daß deine rechte die obere Hand ist. Während du den Mittelstock nach links schiebst, hebst du ihn um ca. 5 cm. Fang ihn genauso wie vorher, mit der linken Hand oben und der rechten unten. Jetzt ist die linke die obere Hand. Hebe den

Mittelstock um ca. 5 cm mit links, während du ihn nach rechts hinüberschiebst. Du mußt nicht sehr hoch heben, um den Mittelstock in die Luft zu bekommen. Für diese Übung reichen 3 bis 5 cm vollkommen.

Und so beginnt der Tanz. Die Hand, die gerade oben ist, gibt einen kleinen Schubs nach oben. Versuche diese Übung noch mal, aber halte diesmal den Stock die ganze Zeit in der Luft.

Hast du's? Toll. Du magst versucht sein, immer schneller zu werden. Tu's nicht. Atme tief durch und entspann dich. Konzentriere dich auf den Lernprozeß. Genieße es. Der Devil Stick bewegt sich nur so schnell, wie du ihn schlägst. Verlangsame das Tempo und schlag etwas weniger fest. Stell dir vor, du stehst im olympischen Wettbewerb. Die Preisrichter werden deinen Stil benoten, und du willst allen zeigen, wie langsam du den Devil Stick unter Kontrolle halten kannst. Eigentlich wäre es gar nicht schlecht, wenn du dich gerade aufrichten und die Zehenspitzen ein bißchen strecken würdest.

Normale Devil Stick-Technik Anfangsmethode Zwei

Die zweite Anfangsmethode unterscheidet sich von der ersten darin, daß nur jeweils ein Handstock den Mittelstock berührt. Hier mußt du nicht beide Arme koordinieren, wie sie sich am Stock auf- und abbewegen. Dafür ist es um so wichtiger, wie du den Mittelstock anschiebst und auffängst.

Wie bei der ersten Methode beginnst du mit einem Ende des Mittelstockes auf dem Boden (oder einer sonstigen ebenen Fläche in bequemer Höhe). Diesmal schiebst du mit nur je einem Handstock den Mittelstock hin und her. Der Berührungspunkt bleibt immer noch auf halber Höhe zwischen dem Mittelstreifen und dem oberen Ende des Mittelstockes. Wenn sich der Mittelstock nach links lehnt, benutzt du die linke Hand; wenn er sich nach rechts lehnt, benutzt du die rechte.

Da der untere Stock nicht mehr da ist, um übermäßigen Schwung aufzunehmen, mußt du darauf achten, die Berührung zwischen Mittel- und Handstock genau richtig auszuführen. Mach nicht den Fehler, dem Mittelstock mit dem Handstock entgegenzukommen, um ihn zurückzuschlagen. Im Gegenteil, du solltest im Augenblick der Berührung etwas nachgeben. Für den Bruchteil einer Sekunde bewegen sich Handstock und Mittelstock in derselben Richtung nach außen. Während sie miteinander in Berührung sind und sich gemeinsam nach außen bewegen, benutzt du den Handstock, um den Mittelstock zu bremsen, zum Stillstand zu bringen, und schließlich in die andere Richtung zurückzuwerfen.

Dabei ist die richtige Stockhaltung unerläßlich. Knickst du das Handgelenk ab, um den Mittelstock

zu bremsen, so zeigt der Handstock nach unten und außen, was den Mittelstock auf der “Rampe” abrollen läßt. Wenn du stattdessen nur die Schulter- und Ellenbogengelenke einsetzt, um den Handstock nach außen zu bewegen, bleibt er parallel zum anderen und zeigt gerade nach vorne.

Bemerke, daß deine Handgelenke viel tiefer gehalten werden, als du es vielleicht am Anfang vermutet hättest. Während du sie senkst, sollten sie in ein- und derselben waagerechten Ebene mit den Handstöcken bleiben. Es gilt zu vermeiden, daß die Handstöcke nach unten zum Boden zeigen.

O.K., jetzt ist es an der Zeit, einen weiteren Faktor in die Gleichung einzubeziehen: die Schwerkraft. Während du den Mittelstock wieder hinüberschiebst, hebst du — genauso wie bei der ersten Methode — den Mittelstock ein paar Zentimeter vom Boden ab. Nun tippt jede Hand immer abwechselnd den Stock hoch und rüber, hoch und rüber. Stell dir bildlich vor, wie der Mittelstock hochsteigt und dann wieder auf den anderen Handstock herabfällt, wo er zur Ruhe gebracht und dann wieder hoch- und rübergetippt wird.

So, das dürfte geschafft sein. Jetzt kannst du deinen Devil Stick vergnügt hin- und hertanzen lassen. Es ist an der Zeit, eventuell auftauchende Probleme zu diagnostizieren.

- Wenn der Mittelstock über den Handstock hinwegrollt und außer Kontrolle gerät, fängst du ihn zu nahe am Mittelstreifen auf. Hebe die Handstöcke ein wenig, um den Viertelpunkt zu treffen, auf halber Höhe zwischen der Mitte und dem oberen Ende des Mittelstockes.
- Wenn der Mittelstock gerade hin- und herfliegt, also ohne pendelartige Drehung um den eigenen Mittelpunkt, dann schlägst du vielleicht zu tief. Hebe den Handstock etwas.
- Wenn der Mittelstock so schnell rüberzischt, daß du ihn nicht mehr unter Kontrolle halten kannst, schlägst du ihn vielleicht zu weit oben. Senke den Handstock etwas.

Der Devil Stick läßt sich auch ohne Handstöcke, nur mit den bloßen offenen Händen manipulieren. Du wirst versucht sein, sobald der Mittelstock in deiner Hand landet, die Finger um ihn zu wickeln. Aber laß die Hände offen und stramm, damit sie wie ein Handstock wirken. Diese Übung gibt dir sehr viel Feedback, was dein Feingefühl betrifft, und dies kannst du wiederum auf deine Technik mit den Handstöcken übertragen.

Anfangsmethode Drei

Halte die Handstöcke ca. 30 cm von einander entfernt und balanciere den Mittelstock waagerecht oben drauf. Laß den Mittelstock auf den Handstöcken ganz leicht rauf- und runterhüpfen. Diese Übung gibt dir ein Gefühl für das Gewicht und die Balance des Mittelstockes, sowie für die Bewegung und Handhabung der Handstöcke.

Wirf den Mittelstock hoch und laß ihn eine halbe Drehung machen, bevor du ihn wieder auf den Handstöcken auffängst. Das rechte Ende des Mittelstockes hat jetzt mit dem linken die Plätze getauscht. Jetzt wirfst du den Mittelstock erst so herum, dann anders herum, damit er sich in beide Richtungen abwechselnd dreht. Versuche, eine ganze Drehung

hinzukriegen, dann anderthalb oder sogar eine Doppeldrehung. Aber denk dran, diese Bewegung möglichst klein und subtil zu halten. Du mußt nicht sehr hoch werfen, um den Mittelstock drehen zu lassen.

Anfangsmethode Vier

Lege den Mittelstock auf die beiden Handstöcke, wie bei der vorhergehenden Übung. Wirf den Mittelstock hoch aber waagerecht, und kreuze dann die Arme. Der Mittelstock kommt jetzt herunter und liegt wieder auf den Handstöcken, aber jetzt sind deine Hände über Kreuz.

Die meisten Leute finden es einfach, die eine Hand über die andere zu legen, aber anders herum kommt es ihnen irgendwie "verkehrt" vor. Deshalb solltest du üben, sowohl rechts über links als auch links über rechts zu kreuzen, bis dir beide Bewegungen natürlich vorkommen. Wer weiß? Vielleicht bewirkst du damit etwas Wundervolles in der Beziehung zwischen deiner rechten und deiner linken Gehirnhälfte. Versuche jetzt ständige Wechsel im schnellen, regelmäßigen Takt. Zum Beispiel könntest du hochwerfen, die Hände rechts über links kreuzen, und fangen. Dann hochwerfen, Hände auseinander, und wieder fangen. Beim dritten Wurf links über rechts kreuzen. Usw.

Es sieht ganz toll aus, wenn du die Stöcke oberhalb des Mittelstockes kreuzt. Wirf den Mittelstock etwas höher und bewege die Hände diesmal nach

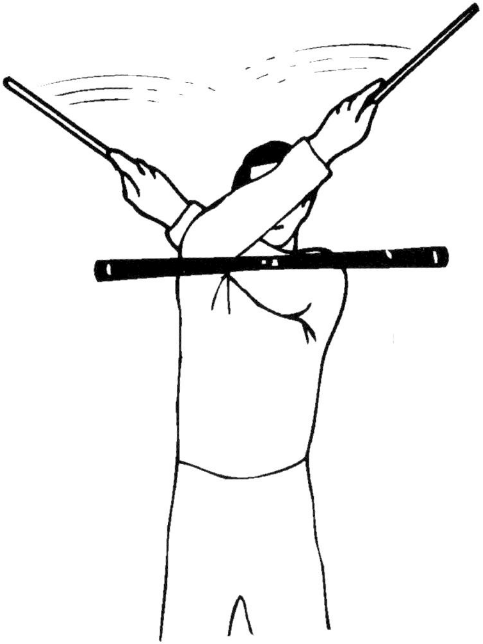

außen und hoch, damit sie sich über deinem Kopf kreuzen. Jetzt über Kreuz, bewegen sie sich weiter nach unten, um den Kreis unter dem Mittelstock zu schließen und ihn wieder aufzufangen. Wenn du das schnell machst und die Arme hohe Bögen beschreiben, kannst du dir sicher sein, daß die Zuschauer erstaunt und beeindruckt sein werden.

Eigenschaften des Devil Stick

Der moderne Devil Stick wurde vom Design her mit vier Eigenschaften konzipiert, die dir das Spiel mit ihm erleichtern:

- Der Gummischlauch um die Handstöcke bietet eine starke Reibungsfläche, die den Mittelstock fest “greift”.
- Auch das um den Mittelstock gewickelte Band bietet eine griffige Fläche.
- Die Verjüngung bildet eine Art Überhang, unter den die Handstöcke passen. Da sich der Handstock unterhalb des Schwerpunkts des Mittelstockes befindet, kann er ihn nicht nur hinüberschlagen sondern auch gleichzeitig anheben.
- Die Verjüngung führt außerdem dazu, daß verhältnismäßig mehr Gewicht am Ende des Mittelstockes konzentriert ist. Diese Gewichtsverteilung bewirkt eine verlangsamte Rotation des Mittelstockes und ermöglicht somit bessere Kontrolle.

Folgende vier Faktoren müssen miteinander im Einklang sein, damit deine Devil Stick-Technik effektiv ist.

- Richtige Positionierung des Mittelstockes:
  Der Mittelstock sollte im richtigen Verhältnis zu deinem Körper und deinem Gesichtsfeld sowie zu den Handstöcken stehen. Die meisten Tricks finden in der “Wandebene” statt, die senkrecht zu deiner Blickrichtung steht und durch die Berührungspunkte des Mittelstockes mit den beiden Handstöcken verläuft.
- Richtiger Kontaktpunkt zwischen dem Mittelstock und den Handstöcken:
  Es spielt eine wichtige Rolle, wo der Handstock den Mittelstock trifft. Bei den meisten Tricks befindet sich dieser Berührungspunkt auf halber Höhe zwischen dem Mittelstreifen und dem oberen Ende des Mittelstockes. Mit anderen Worten: auf dreiviertel Höhe von unten nach oben. Du solltest den Mittelstock an einer Stelle ca. 2 bis 5 cm von der Spitze des Handstockes treffen.
- Stockgefühl: Mit “Stockgefühl” meine ich die Art, wie der Handstock und der Mittelstock zusammentreffen. Ein wichtiger Bestandteil der richtigen

Technik ist, mit dem Handstock nachzugeben, wenn ihn der Mittelstock trifft. Du solltest diese Berührung nicht als einen Schlagen sondern als ein Fangen betrachten. Um die Kontrolle zu haben, mußt du den Mittelstock erst ganz kurz fangen, bevor du ihn zum anderen Handstock zurückwerfen kannst. Die Gefahr besteht, daß der Kontakt zu fest oder zu weich ist. Wenn du ein gutes "Stockgefühl" hast, ist er genau richtig.

- Rhythmus: Das Timing und das Tempo des Mittelstockes, während er zwischen den Handstöcken hin- und herfliegt, bezeichne ich als den Rhythmus. Am Anfang gilt die Faustregel: je langsamer, desto besser. Einem Durchbruch im Lernprozeß geht häufig die Einsicht voraus, daß du genug Zeit hast, den Trick auszuführen — du mußt nicht hetzen. Je größer der Bogen, den der Mittelstock beschreibt, desto langsamer sein Tempo.

Rettungsmanöver

Wahrscheinlich wirst du es anstrengend finden, dich immer wieder bücken zu müssen, um einen fallengelassenen Devil Stick aufzuheben. Zum Glück gibt es zu dieser manuellen Methode einige raffinierte Alternativen.

Denk an die lockere Art, wie Tennisspieler den Ball mit dem Schläger vom Boden hochrollen lassen. Das kannst du auch mit einem Devil Stick. Lege einen Handstock im rechten Winkel auf den Mittelstock. Nun laß den Mittelstock zu dir hinrollen. Sobald der Handstock vom Mittelstock abgerollt ist, richtest du seine Spitze auf den Boden. Auf diese Weise entsteht eine Rampe, auf der der Mittelstock jetzt hochrollen kann. Der Schwung des Mittelstockes läßt ihn hoch genug klettern, um dir Zeit zu geben, den Handstock wieder in die Ausgangsposition zu bringen.

Oder du kannst beide Handstöcke auf den Mittelstock legen, einen an jedem Ende. Hier landet der Mittelstock am Ende oben auf den beiden Handstöcken Von dieser Position aus kannst du wieder starten.

Bei diesen Aufhebmethoden mußt du dich zwar immer noch etwas bücken, aber die zusätzliche Reichweite durch den Handstock verringert die Anstrengung. Wenn du den Mittelstock so aufhebst, bekommst du außerdem ein besseres Gefühl dafür, daß die Handstöcke nichst anderes als Verlängerungen deiner Arme sind.

Mein Lieblings-Rettungsmanöver erfordert natürlich überhaupt kein Bücken. Ich bin eben von Natur aus faul. Falls es dich interessiert, blättere vor zum Abschnitt “Körpertricks” im zweiten Kapitel und lies über “Kickups” nach.

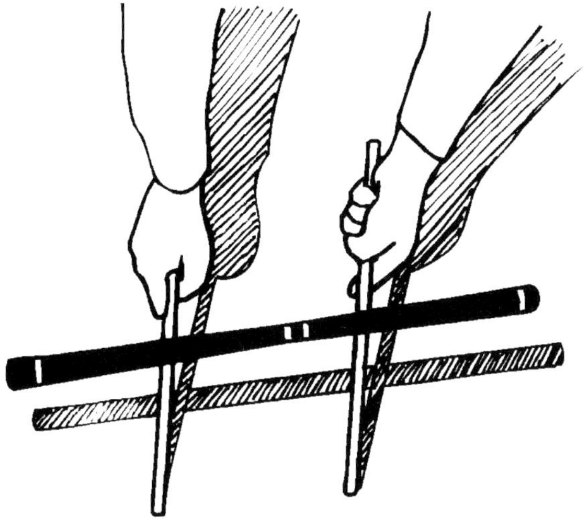

Eine Frage der Zeit

Viele Leute fragen mich, wie lange es braucht, den Devil Stick zu beherrschen. Die meisten werden feststellen, daß sie nach ca. 30 bis 60 Minuten Übung in der Lage sind, den Devil Stick in der Luft zu halten.

Nach dieser Antwort zur Grundfrage der Zeit wollen viele nun wissen, wie lange sie brauchen, um einen bestimmten Trick zu lernen oder gar den Devil Stick zu "meistern". Ich betrachte den Devil Stick wie ein Musikinstrument. Bei beiden gilt die Maxime: Je mehr du übst, desto besser wirst du es können. Was heißt denn überhaupt "Meisterschaft"? Es scheint mir möglich zu sein, dein ganzes Leben dem Studium zu widmen und dennoch immer wieder Bereiche zu finden, die du erforschen möchtest.

Also auf die Frage: "Wie lange?" muß ich antworten: "Es kommt darauf an." Da verschiedene Menschen verschieden schnell lernen und sich Fähigkeiten aneignen, kann es keine festen Zeitvorgaben geben. Aber du wirst feststellen, daß du in zehn sechsminütigen Übungsabschnitten bessere Ergebnisse erreichen kannst als in einer sechzigminütigen Session. Dies liegt wohl daran, daß du immer frisch und aufnahmefähig bist, wenn du deine Energie in kurze Blöcke aufteilst.

Anscheinend ist es auch so: Je länger du schon übst und je besser du schon bist, desto leichter wird es dir fallen, neue Techniken zu lernen. Manchmal wird dir ein Trick zu schwierig erscheinen, und du machst keine Fortschritte. Vergiß diesen Trick für ein paar Wochen. Wenn du auf ihn zurückkommst, wirst du ihn leichter finden, auch wenn du in der Zwischenzeit an diesem bestimmten Trick gar nicht gearbeitet hast. Das liegt vielleicht daran, daß dein Gehirn und deine Muskeln unbewußt am Problem weitergearbeitet haben; oder aber du hast deine Fähigkeit in einer anderen Technik erweitert, die mit dem schwierigen Trick verwandt ist.

Eigentlich ist es egal, wie lange es braucht. Es gibt zwei Arten von Menschen, die mit dem Devil Stick spielen. Die einen betrachten ihn als ein Spielzeug und spielen damit aus Spaß und zur Entspannung, während die anderen ihn eher als eine Herausforderung begreifen. Diese haben auch ihren Spaß daran, aber ihr Hauptziel besteht darin, den Trick zu meistern.

Wenn du aus Spaß an der Freud' mit dem Devil Stick spielst, ist es völlig egal, wie lange du brauchst, um einen Trick zu lernen. Hab deinen Spaß daran. Nimm ihn in die Hand und spiel damit, so oft und so lange, wie du Lust hast. Wenn du keine Lust mehr hast, leg ihn bis zum nächsten Mal wieder hin. Du wirst schon Fortschritte machen. Es wird immer Tricks geben, die du kannst, und andere, die du nicht kannst, und in der Schwebe zwischen diesen beiden Polen forschend wirst du wahrscheinlich deine schönste Zeit erleben. Wenn du gelernt hast, einen Trick gut auszuführen, und du ausschließlich diesen einen Trick immer wieder machst, wird es dir bald langweilig. Und wenn du nur an den Tricks arbeitest, die du nicht kannst, wirst du sehr frustriert sein.

Wenn die Tricks dich herausfordern und du dir versprichst, sie zu beherrschen, dann ist es egal, wie lange es braucht. Du wirst genausoviel Zeit und Energie investieren, wie es braucht, um diesen Trick zu meistern. Du wirst deine Freude daran haben, mit dem Devil Stick zu arbeiten und herumzuspielen, aber wenn du es auf den Trick abgesehen hast, wirst du dich nicht allzu sehr um die Zeit kümmern.
Die Zeit passiert einfach. Sie macht nichts.

Kapitel II

Devil Stick-Tricks für Fortgeschrittene

Einleitung

Dieses Kapitel bildet das Kernstück des Buches. Alle hier aufgeführten Tricks zu lernen, wird einige Zeit und Anstrengung in Anspruch nehmen, aber irgendwie liegt gerade darin der Witz. Wenn alle Leute diese Tricks beim ersten Versuch perfekt ausführen könnten, gäbe es keine Herausforderung und der Devil Stick wäre langweilig. Mein anfänglicher Mißerfolg, gekoppelt mit der Feststellung, daß ich bei allen Variationen ständig Fortschritte mache, hat mich dazu angespornt, neue Muster zu kreieren, die ich mir vor ein paar Jahren nicht hätte vorstellen können. Auch jetzt verbringe ich mehr Zeit mit den Tricks, die ich noch nicht kann, als mit denjenigen, die ich schon beherrsche. Eine angemessene Übungshaltung könnte sein: "Fallenlassen heißt Lernen".

Die Reihenfolge der in diesem Buch beschriebenen Techniken entspricht ungefähr der üblichen Lernfolge. Wenn du die Tricks am Anfang des Kapitels lernst, entwickelst du dabei Fähigkeiten, die du später brauchen wirst, um die schwierigeren Tricks am Kapitelende zu probieren. Es wäre zum Beispiel sehr schwierig, das Spiel mit einem Handstock zu lernen, wenn du Drehungen und halbe Drehungen noch nicht gut könntest.

Beginne also am Anfang, aber warte nicht darauf, jeden Trick perfektioniert zu haben, bevor du mit dem nächsten anfängst. Wenn du an mehreren unterschiedlichen Tricks und Techniken gleichzeitig arbeitest, erweiterst du dein allgemeines Verständnis für den Devil Stick. Die Kenntnisse, die du dadurch sammelst, bauen aufeinander auf und machen dich zu einem besseren Devil Stick-Spieler.

Beim Lernen besteht ein Unterschied zwischen Tiefe und Breite. Tiefe meint: wie gut du einen Trick beherrschst. Breite meint: wieviele verschiedene Stile und Variationen du beherrscht. Du solltest versuchen, dich gleichzeitig in die Tiefe und in die Breite zu entwickeln. Strategien und Kniffe zum Umgang mit dem Devil Stick sind überall in den folgenden Seiten verstreut. Die Arbeit an einer Technik hilft dir automatisch, andere zu lernen.

Meine Erfahrung hat gezeigt, daß ich am besten lerne, wenn ich den Devil Stick mit einer lockeren, entspannten, Stimmung angehe. Den Devil Stick mehrmals am Tag kurz in die Hand zu nehmen, bringt mir mehr als eine ausgedehnte Übungssession.

Wenn du dich herausforderst, jedesmal beim Üben einen erkennbaren Fortschritt zu machen, werden die Sessions immer erfrischend und spannend bleiben.

Ich empfehle dir, mit Hintergrundmusik zu üben. In bezug auf Übung bin ich relativ pflichtbewußt und versuche, mir mindestens eine Dreiviertelstunde täglich dafür zu nehmen. Wenn ich den Kassettenrekorder einschalte, habe ich nicht nur Hintergrundmusik sondern auch eine eingebaute Uhr. Wenn ich unterbrochen werde, schalte ich den Rekorder ab, und direkt bevor ich wieder anfange, schalte ich die Musik wieder ein. Wenn die Kassette zu Ende ist, weiß ich, ohne auf die Uhr schauen zu müssen, daß ich eine Dreiviertelstunde lang gut gearbeitet habe.

Drehungen und halbe Drehungen

Wenn du den Devil Stick im normalen Muster einfach hin- und herschlägst, bleibt das obere Ende des Mittelstockes oben, das untere Ende unten. Mit einer halben Drehung wird das obere Ende zum unteren und das untere zum oberen. Mit dem Handgelenk drückst du den Mittelstock fester und etwas höher als sonst, damit er sich um 180 dreht, bevor du ihn mit dem anderen Handstock auffängst.

Hintergrundinformation

Der Mittelstock bewegt sich, während er zwischen den Handstöcken hin- und herhüpft, auf drei verschiedene Arten gleichzeitig. Erstens: seitlich von Hand zu Hand. Zweitens: in die Höhe, zuerst steigend, dann fallend. Drittens: um den Mittelpunkt rotierend wie bei ein Propeller.

Ein zusätzlicher Rotationsimpuls läßt den Devil Stick eine halbe Drehung machen. Da du den Devil Stick schneller rotieren läßt, solltest du ihn etwas höher schlagen, damit er genug Zeit für die halbe Drehung hat. Vergiß nicht, den fangenden Handstock zuerst aus dem Wege des rotierenden Mittelstockes zu ziehen. Dann fügst du den Handstock wieder ins Muster ein, um den Mittelstock zu bremsen und aufzufangen.

Ganze Drehungen

Bei der ganzen Drehung kehren beide Enden nach einer 360-Rotation des Mittelstockes zu ihren Ausgangspositionen zurück. Die Technik hierfür ist die gleiche wie bei der halben Drehung, nur gibst du noch mehr Höhe und Schwung, um die längere Rotation zu ermöglichen.

Lern-Tips für diese Tricks

Zunächst solltest du die halbe Drehung einzeln und von nur einer Seite versuchen und dann gleich wieder im normalen Muster weitermachen. Denk dran, diese Bewegung möglichst subtil auszuführen. Wenn du merkst, daß du mehr Kontrolle gewinnst, kannst du dazu übergehen, die zusätzlichen Drehungen im regelmäßigen Takt einzubauen: z.B. bei jedem dritten oder zweiten Schlag mit einer Hand. Bau langsam auf, bis du schließlich bei jedem Schlag mit beiden Händen eine halbe Drehung machen kannst.

Der Hubschrauber

Der Hubschrauber ist eine einfache aber beeindruckende Variante des Doppelschlages. Viele Leute lernen den Hubschrauber übrigens aus Versehen, nämlich durch schlampiges Schnappen. Wenn du noch nicht viel geübt hast, ist deine Doppelschlag-Technik vielleicht noch schlampig genug, um den Hubschrauber ohne Mühe zu lernen.

Beim Hubschrauber wechselt die Lage des Devil Stick von der Senkrechten zur Waagerechten. Bewege die Handgelenke beim Schnappen abwechselnd rauf und runter, um den Mittelstock allmählich aus der Wandebene zu verschieben. Während die rechte Hand nach oben zeigt, sollte die linke nach unten zeigen. Dieses Rauf-und-runter ist nicht genau symmetrisch. Bei einer Drehung im Uhrzeigersinn dominiert die rechte Hand, während bei der Drehung gegen den Uhrzeigersinn die linke dominiert. Die schwächere Hand bewegt sich zwar auch ein Stück weit rauf und runter, aber nur zur Unterstützung der stärkeren Hand.

Während die Hubschrauberdrehung immer flacher, also horizontaler wird, sollten die Handstöcke dem Mittelstreifen zur erhöhten Kontrolle näher-

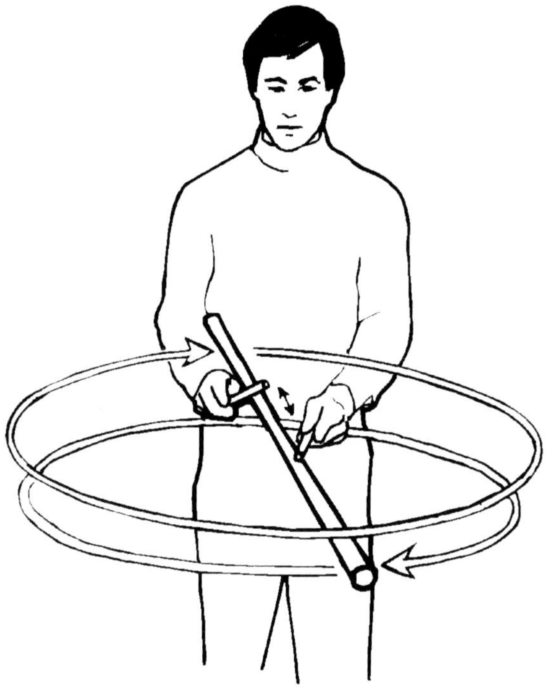

gebracht werden. Der Berührungspunkt am Handstock ist fast an der Spitze. Dies verhindert, daß die Enden des fast waagerechten Mittelstockes deine Hände streifen, was ihn außer Kontrolle bringen könnte. Um vom Hubschrauber zum normalen Doppelschlag zurückzugehen, brauchst du lediglich mit dem Rauf-und-runter der Handgelenke aufzuhören.

Du kannst den Hubschrauber auch mit jeweils nur einem Handstock einleiten. Halte die Ellbogen etwas breiter als normal und lenke den Mittelstock mit den Handstöcken in die Hubschrauberposition. Für eine Drehung gegen den Uhrzeigersinn sollte die rechte Hand den Mittelstock vom Körper wegschieben, während die linke ihn nach innen zu dir hinzieht. Für eine Drehung im Uhrzeigersinn zieht die rechte nach innen, während die linke nach außen schiebt. Der Handstock bleibt viel länger als sonst mit dem Mittelstock in Berührung, was auch zur erhöhten Kontrolle führt.

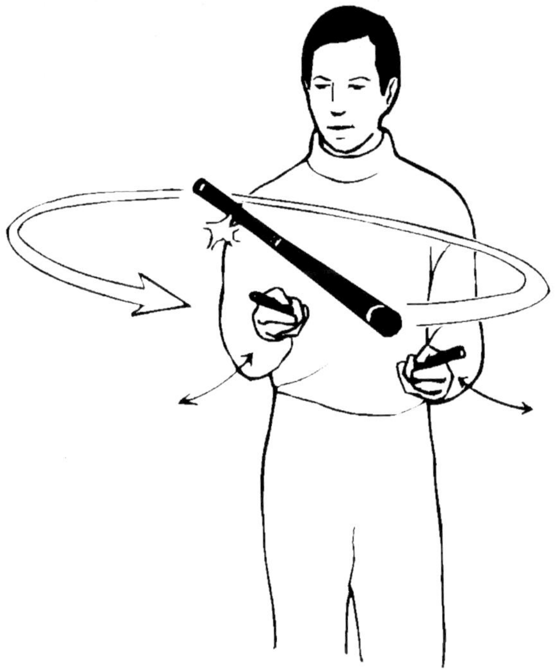

Der Hubschrauber mit einem Handstock

Wenn du in der Lage bist, eine gute Drehgeschwindigkeit hinzukriegen, kannst du den Hubschrauber mit nur einer Hand aufrechterhalten. Ziele mit dem Handstock so, daß er den Mittelstock nach jeder halben Umdrehung genau unter dem Mittelstreifen trifft. Tippe den Mittelstock ca. 5 cm hoch, damit er Zeit hat, die halbe Umdrehung zu vollziehen, bevor du ihn noch einmal hochtippst.

Der Hubschrauber mit einem Stock ist im Grunde ein “Leerlauftrick”. Das heißt: der Schlag geht nur nach oben, er übt so gut wie gar keine Rotationskraft aus. Schließlich wird sich der Devil Stick also langsamer drehen. Um den Hubschrauber mit einem Stock längere Zeit aufrechtzuerhalten, mußt du vorher mit beiden Handstöcken extrem schnell andrehen. Wenn sich der Hubschrauber verlangsamt, bringst du den Handstock weg Mittelstreifen zum “Viertelpunkt” zurück, tippst den Mittelstock wieder in die Vertikale, und fährst mit dem normalen Muster fort.

Wenn sich der Mittelstock im Uhrzeigersinn dreht, ist es einfacher, den einstöckigen Hubschrauber mit der rechten Hand zu beginnen. Bei einer Drehung gegen den Uhrzeigersinn solltest du mit der linken

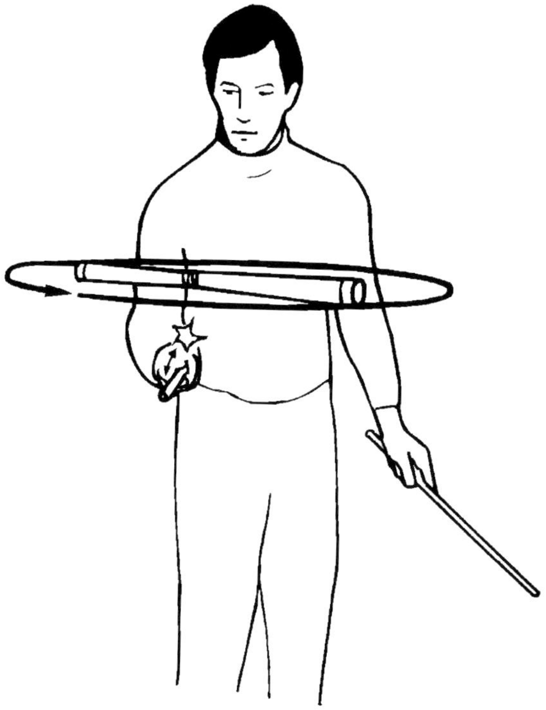

Hand beginnen. Für den Übergang von zwei Händen auf eine Hand bringst du einen Handstock etwas tiefer unter das entsprechende obere Ende des Mittelstockes, und machst den ersten Schlag nach oben. Der andere Handstock sollte schnell nach unten oder zur Seite aus dem Weg gebracht werden.

Sobald du den einstöckigen Hubschrauber unter Kontrolle hast, ist es ein relativ Leichtes, die Handstöcke zu wechseln. In der kurzen Zeit zwischen den Schlägen bringst du den neuen Handstock in Position und ziehst den alten aus dem Verkehr.

Körpertricks

O.K., jetzt wirst du langsam zum Devil Stick-Experten und bist auf der Suche nach neuen Herausforderungen, nach neuen Möglichkeiten, deine Nummer aufzupeppen. Nun, du kannst mit dem Devil Stick überall am Körper spielen, nicht nur vor dir in der Ausgangsposition. Hier einige Anregungen und Tips.

Unter dem Bein

Fangen wir doch mit den Beinen an. Nachdem deine linke Hand den Mittelstock nach rechts hinübergeschickt hat, hebst du das linke Bein so hoch, daß die linke Hand mitsamt Handstock darunter paßt. Wenn der Mittelstock zurückkommt, schlägst du ihn aus dieser Position.

Selbstverständlich geht das auch mit dem anderen Bein. Mit etwas tänzerischem Geschick und schnellen Hüpfbewegungen kannst du bei jedem Wechsel des Mittelstockes auch das Bein wechseln. Das gibt einen flotten Marschrhythmus. Aber paß auf die Knie auf! Wenn dir die ganze Hüpferei zu mühsam erscheint, gib dich mit einem langsameren Tempo zufrieden. Versuch's erst bei jeder zweiten oder jeder dritten Runde mit einem Schlag unter dem Bein.

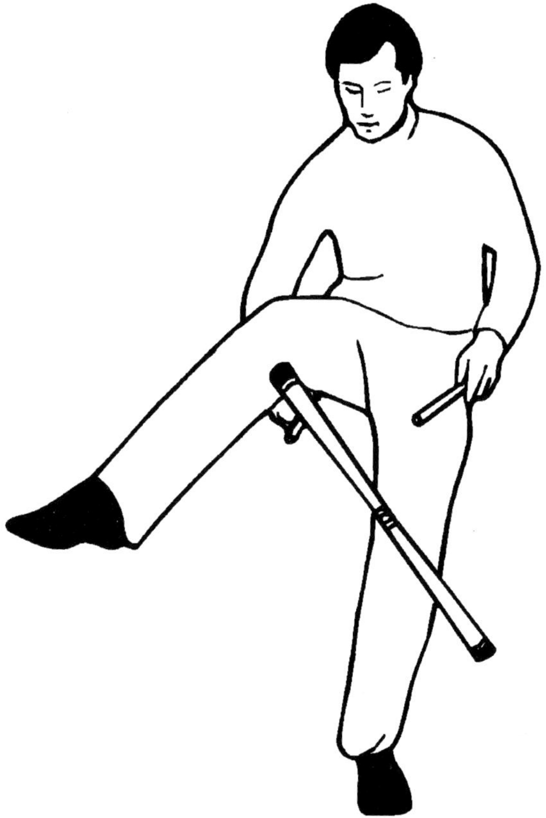

Hinter dem Rücken

Sobald du den Mittelstock geschlagen hast, ziehst du Hand und Handstock hinter dem Rücken herum, bis sie auf der anderen Körperseite auf Hüfthöhe wieder erscheinen. Das Muster verschiebt sich von der normalen Ausgangsposition zur Seite hin. In dieser Position geht's mit der Doppelschlagtechnik am einfachsten.

Das schwerste an diesem Trick ist der Übergang: d.h. die Hand in die richtige Position zu bringen. Sobald sie da ist, kannst du die Form relativ leicht aufrechterhalten. Dazu fünf Ideen: (1) Direkt vor dem Übergang könntest du den Mittelstock eine halbe Drehung machen lassen, um Zeit zu gewinnen; (2) Zeige mit dem Handstock gerade nach unten, während du ihn hinter den Rücken führst, sonst könnte er dein Bein treffen oder sich in deiner Kleidung verfangen; (3) Beweg dich schnell; (4) Mach ein Hohlkreuz; (5) Strecke die Zehenspitzen nach außen. Strecke die rechten Zehen, wenn du nach links gehst und laß dein Gewicht auf dem linken Fuß. (Dies betont auch das Hohlkreuz.)

Kick- Ups

Lege den Mittelstock in die Kuhle zwischen dem hochgezogenen Fuß und dem Schienbein. Der Stock berührt das Schienbein und den Ansatz vom kleinen Zeh. Die Fußspitze zeigt nach oben und im 45° Winkel nach außen. Du solltest das Gefühl haben, daß der Mittelstock fest auf dem Fuß liegt. Mit einer schnellen, zackigen Bewegung der Hüft- und Kniegelenke schwenkst du den Fuß zur Seite hoch.

Durch die Reibung an den zwei Berührungspunkten bleibt der Stock am Fuß, bis er waagerecht liegt, d.h. etwa auf Kniehöhe. Ab hier gleitet der Stock vom Fuß nach oben und dreht sich von der Außenzone zurück in die Mitte. Der Mittelstock vollzieht eine ganze Drehung, während er in die Ausgangsposition fliegt, wo ihn die Handstöcke in Empfang nehmen. Ein Kick-Up ist sowohl ein beeindruckender Anfang für eine Devil Stick-Nummer, als auch eine großartige Alternative zum Bücken, wenn du den Stock fallengelassen hast.

Diese Kick-Ups sind statisch. Dynamische Kick-Ups dagegen werden im Fluß des normalen Musters ausgeführt. Greife den Mittelstock und halte ihn fast waagerecht, aber mit der Spitze leicht nach unten zei-

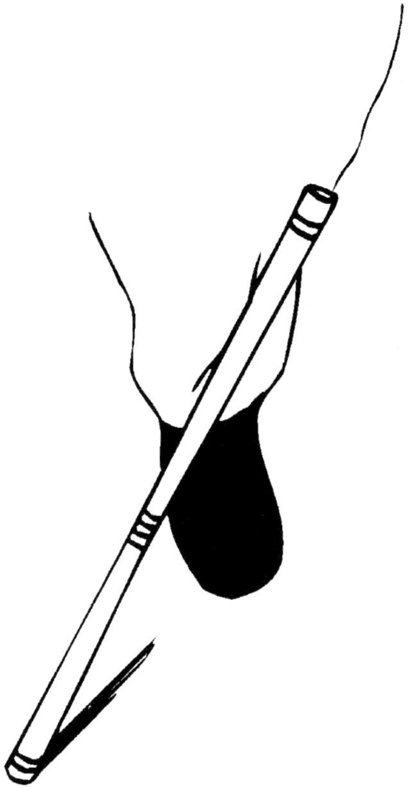

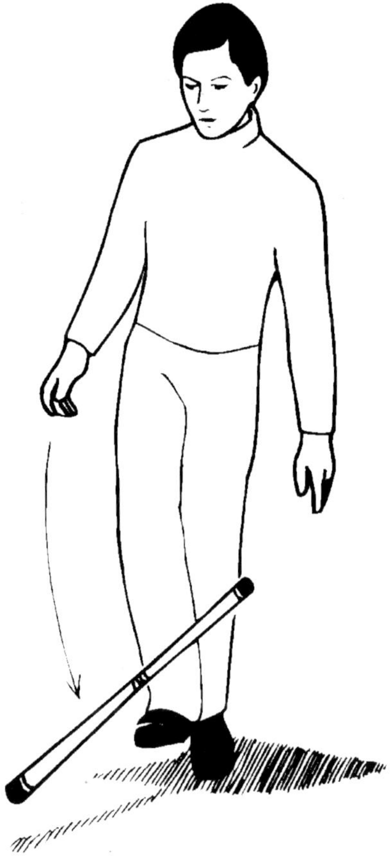

gend. Laß ihn fallen und fang ihn in der Beuge des gegenüberliegenden Fußes auf. Um sauber fangen zu können, hältst du den Fuß etwas in der Luft und senkst ihn dann in gleicher Geschwindigkeit mit dem darauf landenden Stock. Sobald der Stock sicher liegt, kickst du ihn wieder hoch. Auch die Handstöcke können den Mittelstock in diese leicht schräge Lage bringen, wenn du diesen Kick-Up aus dem fließenden Muster heraus machen willst. Oder du kannst ihn aus dem Hubschrauber heraus fallenlassen: der sich horizontal drehende Stock legt sich genau in die Beuge des Fußgelenks.

Es macht Spaß, den Devil Stick mit einer klein gehaltenen, schnellen Drehung hochzukicken, um ihn dann wieder auf dem Fuß aufzufangen. Stell dir vor, ein Fangspiel mit dem eigenen Fuß zu machen. Da staunt ihr Hacky Sack- und Fußball-Cracks!

Das Spiel mit einem Handstock

Wenn du den Flug des Mittelstockes mit nur einem Handstock lenkst, verschärfst du nicht nur deine Kontrollfähigkeiten, sondern zeigst auch einen scharfen Trick. Hier einige Gedanken zu einer Trickfolge mit einem Stock.

Mit dem rechten Handstock wirfst du den Mittelstock mit halber Drehung rüber. Statt den nächsten Takt mit der linken Hand auszuführen, bringst du den rechten Arm mit Handstock in die Position des linken Handstockes. Aus dieser Rückhandposition beförderst du den Mittelstock mit der rechten Hand wieder auf die rechte Seite, auch mit halber Drehung. Diese leichte Hin- und Herbewegung der rechten Hand, die sowohl die linke als auch die rechte Handposition übernimmt, macht den linken Stock überflüssig. Gratuliere. Jetzt hast du das Spiel mit einem Stock gelernt!

Bemerke, daß du mit der Außenkante des Handstockes schlägst, wenn die rechte Hand in der linken Handposition ist. Dies entspricht dem Rückhandschlag bei tennisähnlichen Sportarten. Während sich die Hand hin- und herbewegt, bleibt die Spitze des Handstockes in der Wandebene des Mittelstockes. Mach dir keine Gedanken, ob der Handstock mit dem

Mittelstock zusammenstoßen könnte. Der Mittelstock dreht sich um die eigene Achse und berührt den Handstock nur an den richtigen Stellen.

Halte deine linke Hand parat und sei bereit, das normale zweistöckige Muster wieder aufzunehmen, falls du die Kontrolle verlierst und vom Einstockmuster abspringen mußt. Somit ersparst du dir häufiges Fallenlassen und Aufheben.

Versuche zunächst nur vereinzelt, den einen Handstock in die andere Position zu bringen, und geh dann gleich auf das normale Zweistockmuster zurück. Wenn du meinst, ein Gefühl dafür bekommen zu haben, kannst du es im Rhythmus versuchen, z.B. jeden dritten linken Schlag mit rechts ausführen. Das heißt: nach dem dritten Schlag mit rechts läßt du den Mittelstock eine halbe Drehung machen, und schlägst wieder mit rechts von der linken Seite. Der Rhythmus lautet dann: rechts, links, rechts, links, rechts mit halber Drehung, rechts Rückhand mit halber Drehung, rechts, links, ...

Beschleunige jetzt den Takt: mach jeden zweiten Schlag mit rechts, und dann schließlich jeden.

Verwende die gleiche Aufbautechnik, um das Spiel nur mit der linken Hand zu lernen. Wenn du nur mit einem Handstock arbeitest, sieht es aus wie Fechten. Du kommst dir vor wie einer der drei Musketiere, der sich verwegen mit zwei Degen abwechselnd mit dem gefährlichen und schwer faßbaren Devil Stick duelliert.

Das Spiel mit einem Handstock ist etwas schneller, wenn du keine halbe Drehung zwischenschaltest. Um Zusammenstöße zu vermeiden, mußt du die Spitze des Handstockes aus der Wandebene zurückziehen, während du ihn auf die andere Seite bringst. Da dir der Zeitgewinn durch die halbe Drehung jetzt fehlt, mußt du eine sehr schnelle "Raus-rein"-Bewegung mit dem Handgelenk machen. Obwohl die Hin- und Herbewegung sehr schnell sein muß, sollte der eigentliche Schlag dennoch langsam und kontrolliert bleiben, um den Mittelstock ganz wenig anzudrehen. In dieser Unterscheidung zwischen dem eiligen Rückzug und dem wieder Hinhalten einerseits und dem kontrollierten Berührungsmoment andererseits besteht die ganze Herausforderung. Vielleicht hilft es, den Mittelstock näher an dem Mittelstreifen zu treffen. Diese Änderung bewirkt, daß weniger Drehung aber dafür mehr seitliche Stoßkraft übertragen wird. (Abb. 1)

Horizontal mit einem Stock: dafür gibt es zwei Methoden. Die einfachere besteht darin, den Mittelstock direkt am Mittelstreifen gerade nach oben zu schlagen. Da der Mittelstock an diesem Punkt ausbalanciert ist, ist es relativ einfach, ihn in der fast genau waagerechten Lage zu halten. Sollte der Mittelstock zu kippen drohen, kannst du gegensteuern, indem du den Handstock ein wenig in Richtung Kippseite herüberrückst. Liegt der Mittelstock wieder waagerecht, kannst du den Handstock zum Mittelstreifen zurückbringen. Dieser Trick sieht aus wie ein umgekehrtes Basketball-Dribbling. (Abb. 2)

Die schwierigere Horizontalmethode besteht darin, nach jedem Stoß nach oben den Handstock die Seiten wechseln zu lassen. Diesmal berührt er den Mittelstock wieder an den Viertelpunkten, d.h. auf halber Höhe zwischen Mittelstreifen und den beiden Enden. Jetzt schaukelt der Mittelstock leicht bei jedem Schlag. Die Schwierigkeit liegt nicht nur darin, den Handstock schnell genug hin- und herzubewegen, sondern auch darin, daß sehr feinfühlig zu schlagen: fest genug, um den Mittelstock oben zu halten, aber weich genug, um ihn grundsätzlich waagerecht zu halten. (Abb. 3)

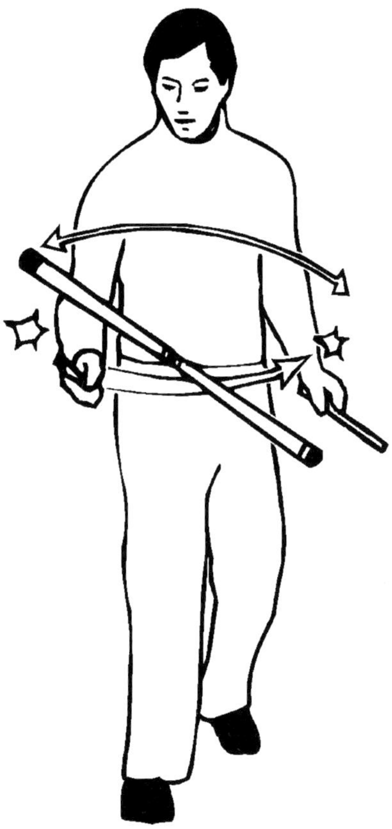

Abb. 1

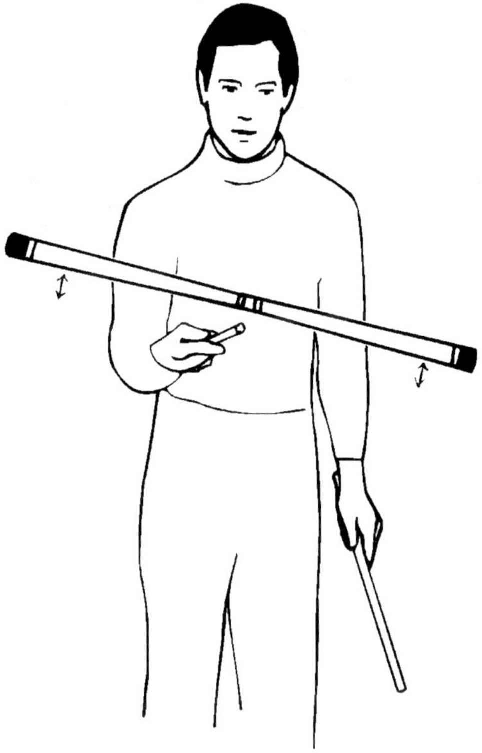

Abb. 2

Abb. 3

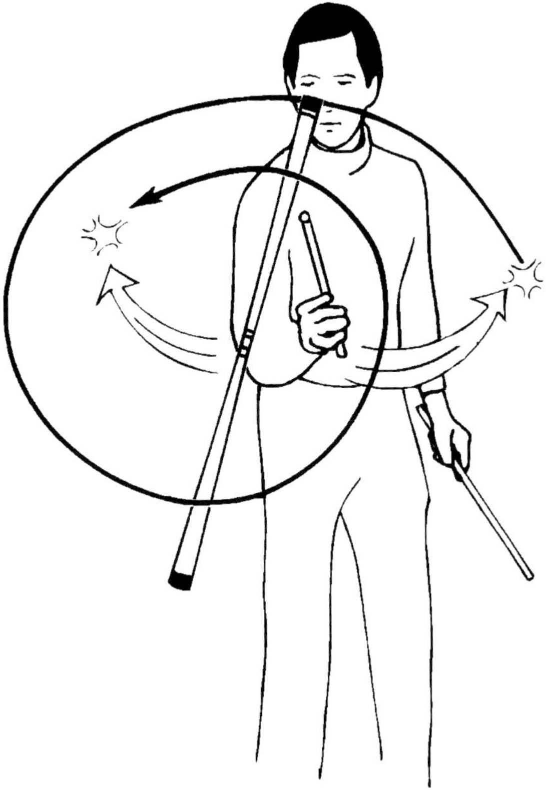

Abb. 4

Die ganze Drehung mit einem Handstock ist zwar nicht so schnell, erfordert aber noch mehr Feingefühl beim Auffangen. Auch hier muß der Handstock aus der Wandebene zurückgezogen werden, damit er dem wirbelnden Devil Stick nicht in die Quere kommt. Da der Mittelstock nach einer ganzen Drehung mehr Schwung hat, besteht die Schwierigkeit darin, ihn zu verlangsamen, unter Kontrolle zu bringen und dann zurückzubefördern. (Abb. 4)

Der Propeller

Beim Propeller dreht sich der Mittelstock in der vertikalen Ebene sehr schnell auf der Stelle. Dazu nimmst du nur einen Handstock.

Beginne den Propeller mit dem rechten Handstock. Anstatt den Mittelstock mit der normalen Bewegung zurückzuschlagen, fängt ihn der Handstock auf und schiebt ihn gegen den Uhrzeigersinn in eine vertikale Rotation . Bei diesem anfänglichen Schieben, daß den Propeller in Gang zu bringen soll, bleiben Handstock und Mittelstock viel länger in Berührung als beim normalen Rückschlag.

Stell dir vor, daß das Ziffernblatt einer großen Uhr vor dir hängt. Die Spitze des Handstockes schiebt den Mittelstock um 120 von 2 Uhr auf 10 Uhr, also gegen die Uhr. Sowohl Handstock als auch Mittelstock drehen sich weiter gegen den Uhrzeigersinn, aber ab hier fällt der Mittelstock vom Handstock ab. Die nächste Berührung erfolgt unter dem Mittelstock ein Stück weit rechts vom Mittelstreifen um 5 Uhr. Jetzt schiebt der Handstock den Mittelstock nach oben und im kleinen Bogen von 5 Uhr auf 3 Uhr — und zwar von jetzt ab bei jeder weiteren Umdrehung. Die Handstockpitze umkreist den Mittelstreifen und

berührt den Mittelstock bei jeder Umdrehung nur während dieses kurzen Bogens (von 5 auf 3 Uhr).

Beim Propeller ist es also nicht so, daß der Mittelstock um den Handstock herumrollt. Für den Großteil der Umdrehung sind die beiden Stöcke nicht in Berührung. Nur für kurze Zeit schiebt oder tippt der Handstock den Mittelstock bei jeder Umdrehung hoch und herum.

Um die Richtung zu wechseln, fängst du den Mittelstock am oberen Viertelpunkt um 10 Uhr auf. Federe die Drehbewegung vorsichtig ab, bis der Mittelstock stehenbleibt. Dann kannst du ihn im Uhrzeigersinn zurückdrehen. Als Faustregel gilt: Um den Propeller anzudrehen oder die Richtung zu wechseln, solltest du die obere Hälfte des Mittelstockes treffen; um einen schon wirbelnden Propeller in Gang zu halten, solltest du die untere Hälfte treffen.

Du kannst den Propeller abwechselnd mit rechts und links in beide Richtungen drehen lassen. Lege vorher fest, in welche Richtung und mit welcher Hand du es machen willst, und denk dran: im Uhrzeigersinn, Berührung von 7 auf 9 Uhr; gegen den Uhrzeigersinn, Berührung von 5 auf 3 Uhr. Dies gilt unabhängig davon, mit welcher Hand du drehst.

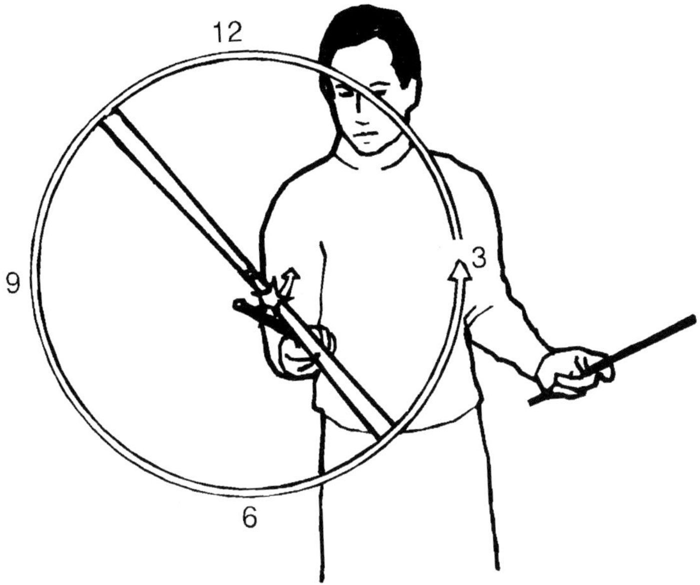

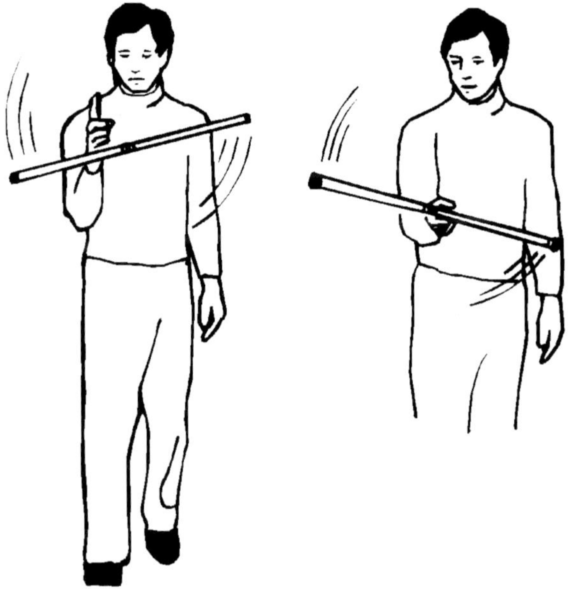

Wenn du deine Hände koordinierst, kannst du den Propeller von der rechten zur linken Hand wechseln lassen und wieder zurück. Während der Mittelstock im freien Flug ist, ziehst du einfach den alten Handstock zurück und fügst stattdessen den neuen ein.

Etwas schwieriger noch: versuche alle Propellervarianten mit deinem Zeigefinger an Stelle des Handstockes.

Gekreuzte Arme

Wenn du etwas ganz Raffiniertes zeigen willst, versuch mal den Devil Stick mit gekreuzten Armen zu spielen. Die Kreuzarmtechnik lernst du am besten, wenn du zu den Ursprüngen zurückkehrst. Versuch mal, die Anfangstricks zu wiederholen, aber diesmal mit gekreuzten Armen. Außer dieser Armhaltung bleibt alles gleich. Das heißt, daß du jetzt Rückhandschläge mit der Außenkante beider Handstöcke machst. Probiere sowohl die normale als auch die Doppelschlag-Technik mit den Armen über Kreuz. Laß dich nicht davon entmutigen, daß du mit diesen Anfängertricks scheinbar Rückschritte machst. Betrachte die Übung als eine nützliche Wiederholung und eine Lektion in Demut.

Da das Spiel mit einem Stock ebenfalls diesen Schlag mit der Außenkante erfordert, könntest du das auch wieder eine Zeitlang als Vorübung zur Kreuzarmtechnik probieren.

Ich habe die Kreuzarmtechnik schließlich durch eine Mischung aus zwei Faktoren gelernt: erstens eignete ich mir langsam die nötige Koordinationsfähigkeit an, und zweitens hatte ich die Nase voll davon, den Trick immer noch nicht zu beherrschen.

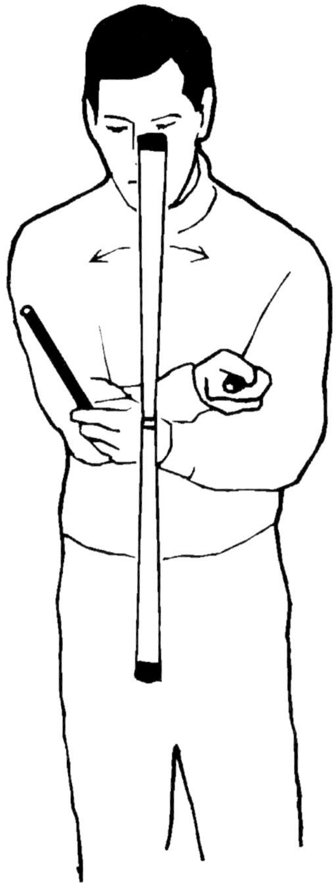

Nach vielen Tagen, an denen der Mittelstock ständig nach vorne aus der Wandebene hinauswanderte und zu Boden fiel, hatte ich es irgendwann satt, ihn immer wieder aufheben zu müssen, und ich beschloß einfach, ihn nicht mehr so oft fallenzulassen. Damals schien es mir so, als wäre diese bewußte Entscheidung, nicht fallenzulassen, genauso wichtig wie die Aneignung der Technik gewesen. Im Rückblick läßt es sich nicht mehr so genau feststellen, welcher Faktor überwogen hat, ob es die innere Einstellung oder die technische Fähigkeit war.

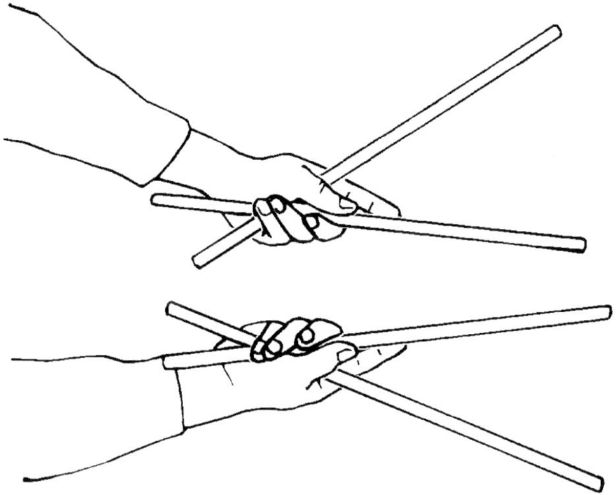

Kannst du inzwischen den Devil Stick vom Boden aus mit gekreuzten Armen bequem starten? O.K., jetzt kannst du den Übergang aus dem normalen Muster versuchen. Laß den Mittelstock eine halbe Drehung machen, um dir zusätzliche Zeit zu geben, die Arme zu kreuzen. Gib dir wieder die halbe Drehung Zeit, um aus dieser Position herauszukommen. Probiere beide Varianten aus: nicht nur rechts über links, sondern auch links über rechts.

Stäbchen

Der Devil Stick hat seinen Ursprung in China. Es liegt also nahe, eine weitere große chinesische Erfindung damit zu kopieren, nämlich Eßstäbchen. Obwohl die Handhaltung nicht identisch ist, besteht einfach zu viel Ähnlichkeit zwischen diesen beiden Arten, zwei schmale Stöcke in einer Hand zur Manipulation von anderen Gegenständen zu verwenden, als daß dieser Trick anders heißen könnte als "Stäbchen".

Du legst beide Handstöcke in eine nach oben gerichtet Handfläche, so daß sie sich über der Handfläche kreuzen, und zwar ca. 5 cm vom näheren Ende der Handstöcke entfernt. Der äußere Handstock liegt unten und wird zwischen Daumen und Zeigefingeransatz gehalten. Der Daumen und der Zeigefinger drücken auf den inneren (oberen) Handstock, während die anderen drei Finger um beide Stöcke gewickelt sind. Zwischen der festen V-Form, die dieser Griff mit den Handstöcken bildet, kannst du den Mittelstock bearbeiten.

Beginne mit der Handfläche nach oben. Der Mittelstock liegt auf den horizontalen Handstöcken. Du kannst ihn entweder mit der Hand plazieren, oder mit

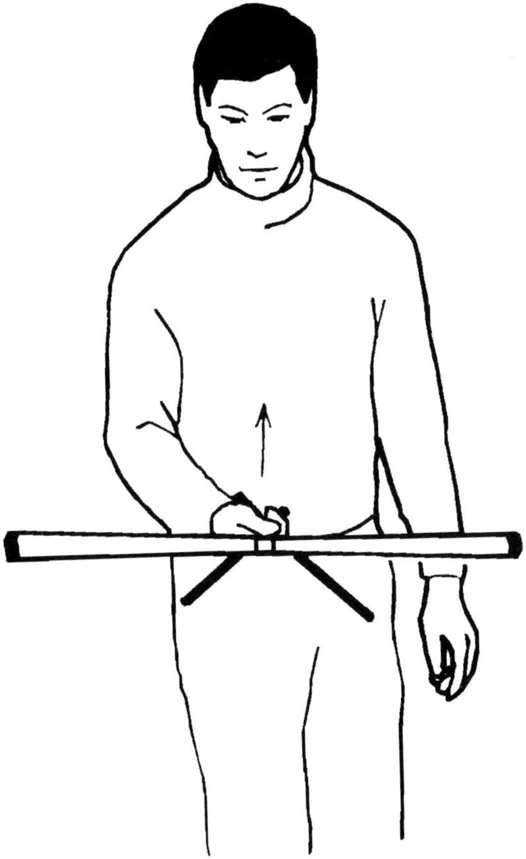

dem Tennisroller vom Boden aufheben. Wirf den Mittelstock hoch, zieh die Hand zurück und schiebe sie gleich wieder nach vorne. Aber die Handfläche ist jetzt nach innen gerichtet. Schaukele den Mittelstock mit einer Drehung der Hand sanft hin und her.

Wie bei der Doppelschlagtechnik mit zwei Händen schnappen jetzt auch die Handstöcke den Mittelstock um den Mittelpunkt herum. Die Handstockposition änderst du durch eine Drehung des Handgelenks. Aber paß auf! Viele Leute neigen dazu, die Hand in die verkehrte Richtung zu drehen. Du solltest die Handfläche abwechselnd nach oben und nach innen zeigen lassen, aber niemals nach außen. Die Bewegung darf sich überhaupt nicht anstrengend anfühlen. Stell dir vor, du ziehst eine selbstaufziehende Armbanduhr auf. Die Handstöcke bleiben während des ganzen Bewegungszyklus fast waagerecht. Die Handdrehung sollte gerade groß genug sein, um den Mittelstock in die andere Richtung zu kippen. Sobald er fliegt, ist die Handrotation in diese Richtung beendet. Dreh die Hand wieder in die andere Richtung, um dem Mittelstock auf der anderen Seite entgegenzukommen.

Erinnerst du dich, wie wir am Anfang gesagt haben, daß eine offene V-Haltung der Handstöcke den Mittelstock nach vorne aus der Wandebene hinausschiebt? Auch beim offenen V der Eßstäbchenhaltung neigt der Mittelstock dazu, nach vorne zu wandern und sich in einen Hubschrauber zu verwandeln. Irgendwie haben meine Hände es aber gelernt, diese verkehrte Drehung zu korrigieren, ohne mein Gehirn darüber zu informieren. Die meisten Leute lernen diese Korrektur relativ leicht durch “Trial and Error”. Bleib einfach dran.

Dieser Stäbchen-Stil gefällt dir? Dann probiere mal ein paar halbe und ganze Drehungen? Zieh die Hand aus der Wandebene zurück, damit sich der Mittelstock frei drehen kann, und füge sie wieder ein, um ihn aufzufangen.

Doppelstäbchen

Du könntest versuchen mit der freien Hand einen zweiten Satz Handstöcke zu halten. Die beiden Hände könnten sich damit amüsieren, sich den Mittelstock gegenseitig zuzuwerfen.

Oder du könntest mit zwei Mittelstöcken auf einmal spielen. Voilà: Doppelstäbchen! Versuche ein paar halbe Drehungen mit der einen Hand, während die andere einen konstanten normalen Rhythmus aufrechterhält.

Wenn du vorher festlegst, welcher Stock weiter vorne und welcher weiter hinten fliegen soll, kannst du beide Mittelstöcke gleichzeitig auf die jeweils andere Hand werfen, ohne daß sie in der Mitte zusammenstoßen.

Wenn du die Stöcke nicht gleichzeitig sondern hintereinander abwirfst, gibt das folgenden Rhythmus: "Werfen, Werfen, Fangen, Fangen". Jongleure werden diesen Rhythmus aus den Anfangsschritten zur 3-Ball-Jonglage wiedererkennen. Durch diese Stäbchen--Methode dürfte es möglich sein, drei Devil Sticks im Kaskade-Muster zu jonglieren — eine schöne, harmonische Mischung aus Jonglage und Devil Stick.

Kreissäge

Halte die Handstöcke parallel zur Wandebene vor dich, so daß sie waagerecht nach innen zeigen. Bewege die Hände so, als würden sie die Pedale eines Fahrrads treten. Die Handstöcke ersetzen hier die Pedale. Wenn du den Devil Stick über die umeinander kreisenden Handstöcke rollen läßt, hast du eine "Kreissäge".

Der Devil Stick bleibt die meiste Zeit zwischen den beiden Handstöcken eingeklemmt, so daß er nicht herunterfallen kann. Das Anheben besorgt der Handstock, der dir am nächsten ist, und zwar von der Horizontalen auf ca. 60.

Die Kreissäge könnte auch als Propeller im 90 Winkel bezeichnet werden. Tatsächlich ist es möglich, die Kreissäge mit nur einer Hand zu machen.

Die Kreissäge kann sich in beide Richtungen drehen. Zum Richtungswechsel, mußt du die "Pedale" einfach rückwärts statt vorwärts treten. Egal, in welche Richtung sich der Mittelstock dreht, paß auf dein Kinn auf!

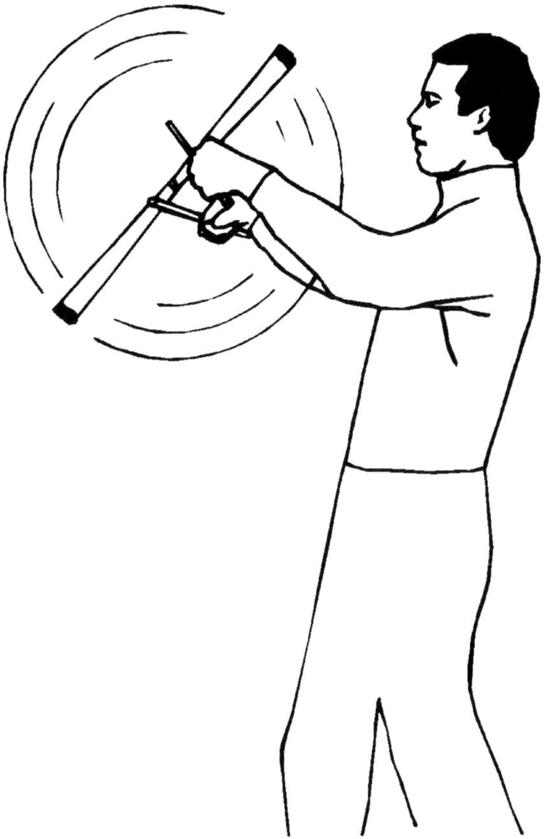

Spiralen

Ich mußte Einzelteile dieses Tricks von drei verschiedenen Menschen abgucken, bevor ich ihn raushatte. Die Bezeichnungen “links”, “rechts”, “Uhrzeigersinn” und “gegen den Uhrzeigersinn” sind hier von wesentlicher Bedeutung — also gut aufpassen!

Bei der Spirale dreht sich der Devil Stick einmal oberhalb und einmal unterhalb deines Armes, etwa in einer vertikalen Achter-Form. Vielleicht hast du schon einen Balldreher gesehen, der den Ball unter den Arm führte, oder eine Bauchtänzerin, die das gleiche mit einer Tasse Wasser machte: das sind auch Spiralen.

Beginne mit einem Hubschrauber auf deinem rechten Handstock. Er sollte sich schön langsam (von oben betrachtet) gegen den Uhrzeigersinn drehen. Diesmal tippst du den Mittelstock nicht hoch, sondern fängst ihn auf dem Handstock auf, so daß er im rechten Winkel dazu liegt. So leitest du die Spirale ein. Ich versuche immer, den Mittelstock in unmittelbarer Handnähe zu fangen, so daß er manchmal meine Knöchel streift.

Jetzt mußt du nur mit der Drehung des Mittelstockes mitgehen, so daß der Handstock im rechten

Winkel dazu bleibt. Nachdem sich der Mittelstock unter deinen Arm zur Außenseite des Musters gedreht hat, drehst du deine Hand weiter und hebst den Mittelstock über deinen Arm. Denk dran, daß der Handstock und der Mittelstock die ganze Zeit in Berührung bleiben.

Während sich deine Hand wieder zur Innenseite des Musters zurückdreht, fängst du an, dein Handgelenk zu senken und deinen Ellbogen zu heben. Es kommt dir vielleicht komisch vor, daß deine Arme sich so verdrehen können, aber irgendwie kommst du auf diese Weise zur Startposition zurück und kannst noch eine Spirale versuchen.

Ich gebe zu, der Trick ist nicht einfach, aber im Prinzip weißt du jetzt schon alles, was du dazu brauchst. Trotzdem einige Hinweise, um es dir leichter zu machen.

Direkt vor der Spirale trete ich dem Mittelstock etwas näher, bis ich senkrecht von oben herab herabschauen kann, ob er auf der richtigen Stelle gelandet ist. Ich muß mich kurz vom Mittelstock wegbeugen, um meinen Körper aus dem Weg zu bringen.

Der Mittelstock liegt so dicht bei meiner Hand, daß ich ihn manchmal mit den Knöcheln berühren kann. Auf diese Weise kann ich seine Drehgeschwindigkeit erhöhen oder reduzieren.

Für eine Spirale, die nur oberhalb des Armes ausgeführt wird, beginnst du mit einem Hubschrauber im Uhrzeigersinn. Statt den Mittelstock hochzuschlagen, bringst du den Handstock hoch und bis kurz vor den

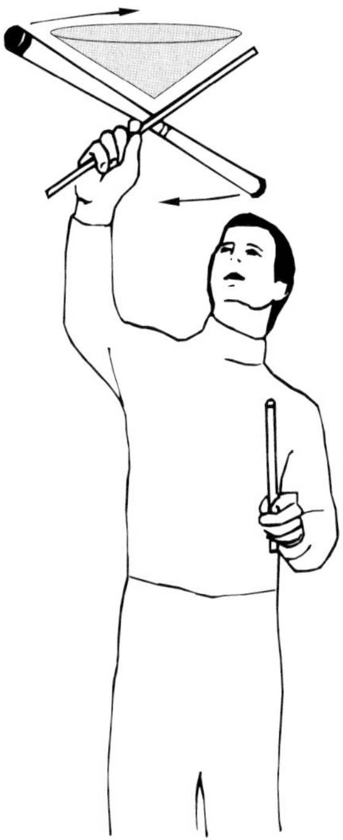

Mittelstreifen. Der Kniff dabei ist, daß du mit dem Handstock eine umgekehrte Kegelform — wie eine breite Eiswaffel — über deinem Kopf beschreibst. Der Handstock ist gerade exzentrisch genug, um den Devil Stick im horizontalen Kreis herumzuführen.

Mit zwei Devil Sticks

Das alte Zahlenspiel: wenn eins Spaß macht, dürften zwei doppelt so viel Spaß machen — oder doppelt so frustrierend sein. Wie kann ich zwei Mittelstöcke mit nur einem Satz Handstöcke unter Kontrolle halten? Es gibt mehrere Herangehensweisen.

Erstens kannst du das normale Muster beibehalten. Der einzige Unterschied besteht darin, daß ein zweiter Mittelstock hinzugekommen ist. Jeder Stock hat seine eigene Wandebene und verkehrt im Gegenrhythmus zum anderen hin und her. Während der Mittelstock in der näheren Wandebene am rechten Handstock liegt, liegt der Mittelstock in der weiteren Wandebene am linken Handstock. Beide Stöcke passieren gleichzeitig die Mitte.

Dann liegt der nähere Mittelstock am linken Handstock und der weitere am rechten.

Theoretisch müßte das funktionieren. Aber du darfst nicht erwarten, diesen Trick innerhalb von zwei oder drei Stunden lernen zu können. Erst mußt du eine Reihe von Problemen überwinden. Der Mittelstock muß absolut gerade hinüberfliegen. Bei der kleinsten Abweichung von der Wandebene kommt es zu einem Zusammenstoß. Da deine

Augen nicht in der Lage sind, beide Berührungspunkte auf einmal zu fixieren, mußt du dich auf das Feingefühl deiner Hände verlassen, um die Flugbahn und die Wucht der ankommenden Mittelstöcke vorauszuahnen. Als weitere Komplikation kommt hinzu, daß die Hebelwirkung des Handstockes auf den Mittelstock an der weiteren Wandebene größer ist als die an der näheren Wandebene. Das heißt, wenn du beide Mittelstöcke mit gleicher Kraft schlägst, hebt sich der weitere Mittelstock höher als der nähere.

Falls du es immer noch versuchen willst, gebe ich dir einige strategische Hinweise, die vielleicht hilfreich sind. Je tiefer (d.h. je näher am Mittelstreifen) du den Mittelstock triffst, desto weniger Drehkraft wird übertragen. Der Mittelstock fliegt zwar immer noch hoch und fällt wieder auf den anderen Handstock herunter, aber die Pendelbewegung ist kleiner als sonst. Diese verlangsamte Drehung scheint den Trick leichter zu machen.

Außerdem müssen deine Hände den näheren Mittelstock etwas höher heben. Da dieser Mittelstock immer abwechselnd von der linken und der rechten Hand geschlagen wird, müssen sich beide Hände

einen “mal höher, mal tiefer” Heberhythmus aneignen, was ziemlich knifflig ist.

Der Anfang vom Boden aus ist im Grunde nicht anders als mit einem Mittelstock. Die beiden Stöcke werden so aufgestellt, daß ihre unteren Enden auf einer imaginären Linie liegen, die im rechten Winkel zur Wandebene durch die Mitte deines Körpers führt.

Doppelpropeller

Eine vielleicht etwas einfachere Methode, mit zwei Devil Sticks auf einmal zu spielen, ist der Doppelpropeller. Am Anfang liegen die Mittelstöcke vor dir auf dem Boden, und zwar auf der gleichen Wandebene mit einer 5 cm breiten Lücke zwischen den Enden. Mit Hilfe des Tennisanfangs setzt du beide Propeller gleichzeitig in Bewegung. Bei mir ist am Anfang die Drehung auf der linken Hand meistens gegen den Uhrzeigersinn und auf der rechten im Uhrzeigersinn. Der Vorteil beim Doppelpropeller liegt darin, daß sich beide Mittelstöcke in der gleichen Wandebene drehen können, ohne zusammenzustoßen.

Vielleicht möchtest du einige der Variationen mit einem Stock noch einmal probieren, aber diesmal mit einem Mittelstock an jedem Handstock. Egal, für welche Methode du dich entscheidest, wünsche ich dir viel Glück! (Seite 57)

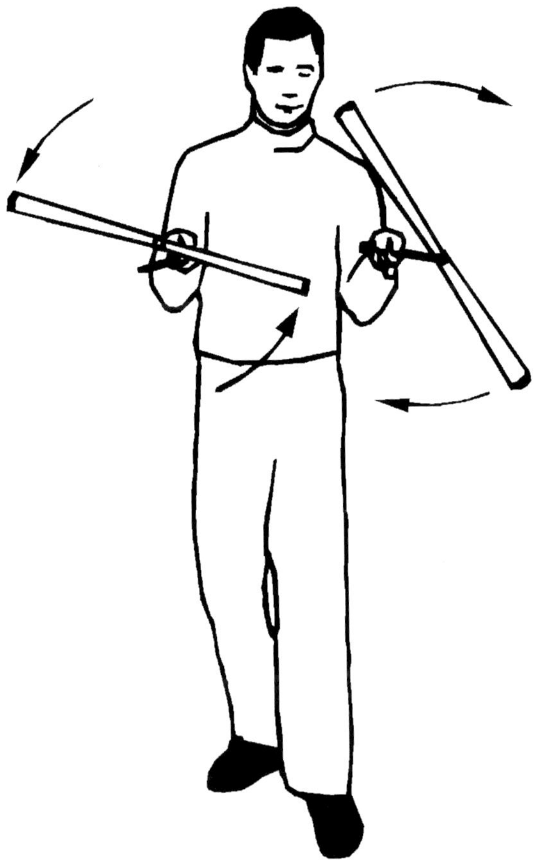

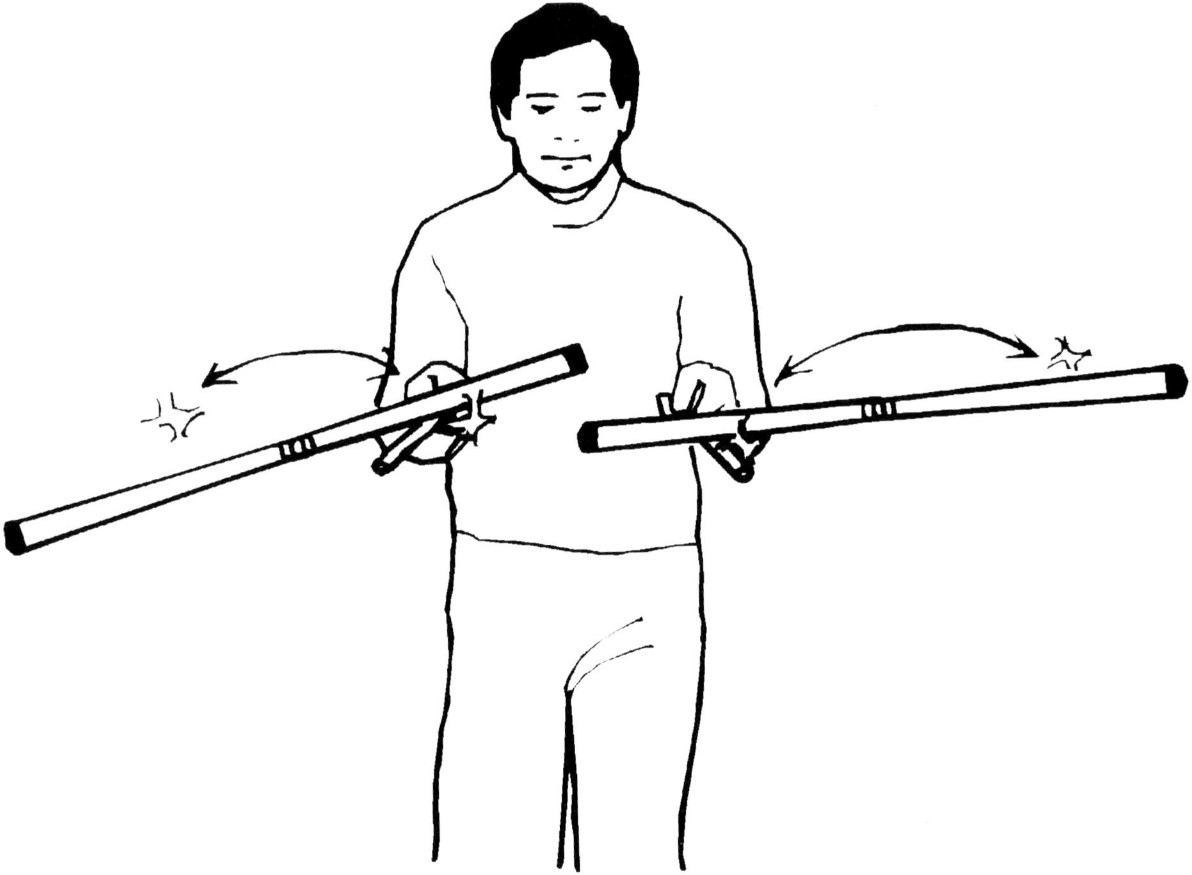

Kapitel III

Balance

Es bleibt nicht aus, daß Menschen, die viel Zeit mit dem Devil Stick verbringen, auch Balancetricks lernen. Wegen seiner langen, verjüngten Form ist der Mittelstock ideal dazu geeignet, als Balancerequisit mißbraucht zu werden. Der Kontrast zwischen der ständigen Bewegung beim eigentlichen Devil Stick-Spiel und der absoluten Bewegungslosigkeit einer Balance stellt auf jeden Fall eine beeindruckende Bereicherung deines Trickrepertoires dar.

Während du verschiedene Balancetricks lernst, gewöhnst du dich immer mehr ans Gewicht und an die Handhabungseigenschaften des Mittelstockes, was dir auch beim normalen Devil Stick-Spiel weiterhelfen wird. Mit anderen Worten: wenn du mit dem Devil Stick auch als Balancerequisit übst, wird es zu deiner Vielseitigkeit in mehreren Bereichen beitragen.

Das Wichtigste beim Balancieren: beobachte die Spitze. Alles andere kommt (oder, richtiger: bleibt) von alleine, wenn du nur ein bißchen übst. Folgende Erläuterungen dienen allesamt dem gleichen Zweck: zu demonstrieren, wie wichtig es ist, die Spitze zu beobachten.

Das Ziel beim Balancieren

Das Ziel beim Balancieren besteht darin, einen Gegenstand ruhig zu halten, während er auf irgendeinem Körperteil steht. Anders betrachtet: Balancieren heißt, einen Gegenstand zum Stillstand zu bringen und ihn in diesem Zustand zu halten. Das Gesetz der Trägheit besagt, daß Dinge in einem Ruhezustand dazu neigen, ruhig zu bleiben, während Dinge, die sich in Bewegung befinden, dazu neigen, in Bewegung zu bleiben. Anhand dieses Gesetzes wissen wir, daß ein Gegenstand eher ruhig bleiben wird, wenn wir ihn erst einmal zur Ruhe gebracht haben. Das Schwierigste dürfte also sein, diesen Ruhezustand herzustellen. Danach dürfte alles relativ einfach sein. Vielleicht hilft dir die Vorstellung, daß der wohldressierte Mittelstock eigentlich am liebsten stehen bleiben möchte. Du brauchst ihn nur ein wenig zu unterstützen, indem du den Mittelpunkt der Erde unter ihm justierst.

Was beim Balancieren in Wirklichkeit passiert, ist folgendes: Der Mittelstock beginnt zu kippen. Du machst eine genaue Ausgleichbewegung, um sein Fußende wieder direkt unter seine Spitze zu bringen, damit er senkrecht bleibt. Wieder beginnt er zu kippen, und wieder gleichst du aus, um das Fußende unter die Spitze zu bringen. Und so weiter. Der Devil Stick bleibt also nicht absolut still sondern will ständig fallen, was du aber verhinderst, indem du ihn ins Vertikale zurückbringst — und das immer wieder. Der Kniff besteht darin, diese Korrekturen so schnell und so präzise zu machen, daß du allein die Bewegungen merkst. Dem Außenstehenden wird die Illusion vermittelt, daß der Stock immer völlig stillsteht. Wenn du kleine, schnelle Korrekturen machst, wird keiner ahnen, daß der Stock die meiste Zeit außer Kontrolle ist.

Beobachte die Spitze

Du mußt immer die Spitze des Gegenstands beobachten. Diese Spitze ist es, die ruhig bleiben muß. Wenn die sie zu fallen beginnt, bringt sie den ganzen Stock zu Fall. Das untere Ende kann beliebig bewegt werden, um wieder unter die Spitze zu kommen und somit den Stock senkrecht zu halten. Eigentlich ist das ganz logisch, wenn du mal darüber nachdenkst. Nicht weil der Fuß gefallen ist, fallen die Dinge um, sondern weil die Spitze zuerst fällt und schließlich Mitte und Fuß mit sich in die Tiefe reißt.

Der Fuß des Gegenstands ist sowohl mit seiner Spitze verbunden als auch mit irgendeinem beweglichen Körperteil in Berührung. Somit ist der Fuß die Schaltstelle, von der aus du die Spitze lenken kannst. Kontrollierte Bewegung des Fußes auf der horizontalen Ebene bringt den Devil Stick kaum in Gefahr. Also: Vergiß nicht, die Spitze zu beobachten; bring das Fußende wieder unter die kippende Spitze, um die Vertikale wieder herzustellen; halte das Fußende auf einer horizontalen Ebene.

"Ein in Bewegung befindlicher Gegenstand neigt dazu, in Bewegung zu bleiben; ein ruhender Gegenstand neigt dazu, ruhig zu bleiben." Der Gegenstand, von dem hier die Rede ist, hat "Masse" oder "Gewicht". Je größer die Masse des Gegenstands, desto offensichtlicher wird er uns das Prinzip vor Augen führen. Ein größerer, längerer oder schwererer Gegenstand hat mehr Masse und wird folglich leichter ruhigzuhalten (d.h. in der Balance zu halten) sein als ein kleinerer, kürzerer oder leichterer. Aufgrund seiner größeren Masse läßt sich also ein Billardqueue leichter als der Devil Stick balancieren.

Außerdem dürfen wir nicht vergessen, daß Gegenstände von der Spitze aus nach unten fallen. Je mehr Masse oder Gewicht am oberen Ende, desto leichter läßt sich der Gegenstand balancieren. Ein Billardqueue mit dem schweren Ende oben läßt sich einfacher balancieren als ein Billardqueue mit dem leichten Ende nach oben.

Die Newton'sche Physik

Die Beschleunigungsrate eines beliebigen zur Erde fallenden Gegenstands beträgt 9,806m/Sek pro Sekunde. Im fallenden Zustand bewegt sich die Spitze des Mittelstockes mit dieser Beschleunigungsrate minus eines kleinen Widerstandsfaktors, der sich durch den Kontakt zwischen dem unteren Ende und deinem Körper und durch die Luftreibung erklären läßt. Bedenke, daß dies ein Beschleunigungsmaß ist, und kein Ausdruck der endgültigen Geschwindigkeit. Wenn du Gegenstand A fallenläßt und dann fünf Sekunden lang wartest, bevor du Gegenstand B fallenläßt, dann wird Gegenstand A schneller als Gegenstand B sein, weil A mehr Zeit zum Beschleunigen hatte. Daraus können wir schließen: je eher du einen

einen fallenden Gegenstand aufhältst, desto langsamer wird in diesem Moment seine Fallgeschwindigkeit sein, und desto einfacher wird es folglich sein, den Fall auszugleichen. Wenn du schnell reagierst, wird der Gegenstand keine Zeit gehabt haben, Schwung zu holen.

Sobald du eine Neigung bemerkst, solltest du das Fußende unter die Spitze bringen. Das ist aus zwei Gründen einfacher: erstens, weil sich die Spitze noch nicht schnell bewegt, und zweitens, weil der Neigungsgrad anfangs am geringsten ist und somit die Korrekturbewegung am Fußende am kleinsten gehalten werden kann. Je weiter die Spitze von der Vertikalen abweicht, desto schwieriger wird es sein, das Fußende darunter zu bringen.

Gleichgewichtsverlust und Korrektur

Stell dir einen menschlichen Körper beim Gehen vor. Der Körper gerät aus dem Gleichgewicht, indem er einen Teil seiner Masse nach vorne verlagert. (Diese Gewichtsverlagerung geht übrigens von der oberen Körperhälfte aus.) Der Körper, aus dem Gleichgewicht geraten, fällt jetzt nach vorne. Um zu verhindern, daß der Kopf auf den Boden aufprallt, kommt irgendwo da unten ein rettender Fuß, der sich direkt unter den Kopf stellt und somit das Gleichgewicht wieder herstellt. Der Körper lehnt sich erneut nach vorne, verliert allmählich wieder das Gleichgewicht, und der andere Fuß bewegt sich jetzt nach vorne, um den Kopf zu retten. Gehen ist nichts anderes als eine Serie von — im wahrsten Sinne des Wortes — schrittweisen Gleichgewichtsverlusten und Korrekturen.

Ein Devil Stick neigt sich in eine Richtung und fängt an, das Gleichgewicht zu verlieren. Du bringst das untere Ende unter die Spitze, um den Stock aufrecht zu halten. Er fängt wieder an, sich zu neigen, und wieder bringst du das Fußende darunter. Balance besteht aus einer sich ständig wiederholenden Serie von Kipp- und Ausgleichsbewegungen, aus der Vertikalen heraus und wieder in die Vertikale hinein. Im Gegensatz zum schnellen Vorwärtsgehen kann aber hier die Neigung in irgendeine Richtung gehen. Der Devil Stick zeigt mehr Ähnlichkeiten mit dem Gang eines Besoffenen als mit dem eines entschlossenen Spaziergängers.

Balance auf der Handfläche

Halte am Anfang deinen Ellbogen direkt am Körper, den Unterarm gerade nach vorne, die Handfläche nach oben. Es sieht aus, als würdest du ein Trinkgeld erwarten. Plaziere ein Ende des Devil Stick auf die ausgestreckte Handfläche, richte ihn so, daß er stabil ist, und laß los. Der Devil Stick wird wahrscheinlich kurze Zeit stehenbleiben und dann herunterfallen. Wenn nicht, dann bist du schon ein guter Balancekünstler.

Probier's noch mal. Aber diesmal kannst du versuchen, Ausgleichsbewegungen zu machen, um die Balance etwas länger zu halten. Die gröbste Korrektur würde darin bestehen, daß du nach vorne läufst, d.h. deine Füße einsetzt, um das untere Ende unter das obere zu bringen. Eine subtilere und praktikablere Methode geht von den Schulter-, Ellbogen- und Handgelenken aus. Auch hier gilt: je schneller und präziser du die Korrektur vornimmst, desto einfacher wirst du es haben. Es vereinfacht die Sache auch, wenn du das Handgelenk auf derselben horizontalen Ebene halten kannst.

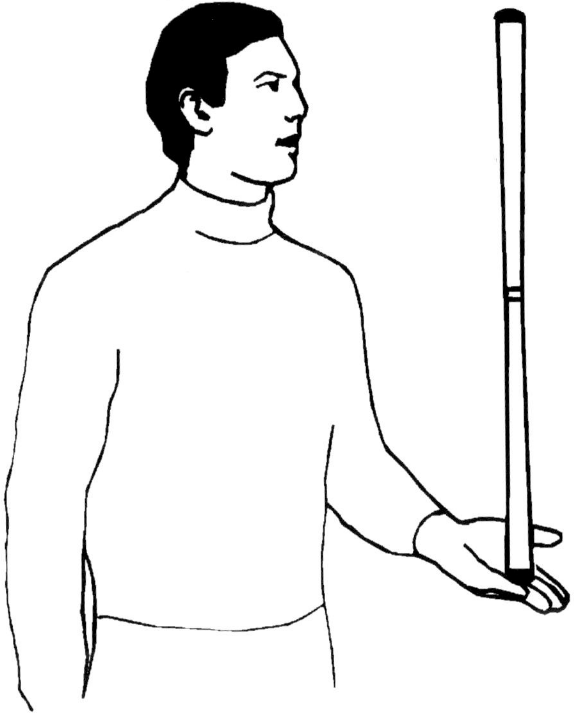

Eine mögliche Variation: durch eine schnelle Handbewegung läßt du den Devil Stick eine halbe Drehung machen und fängst ihn wieder auf der Handfläche auf.

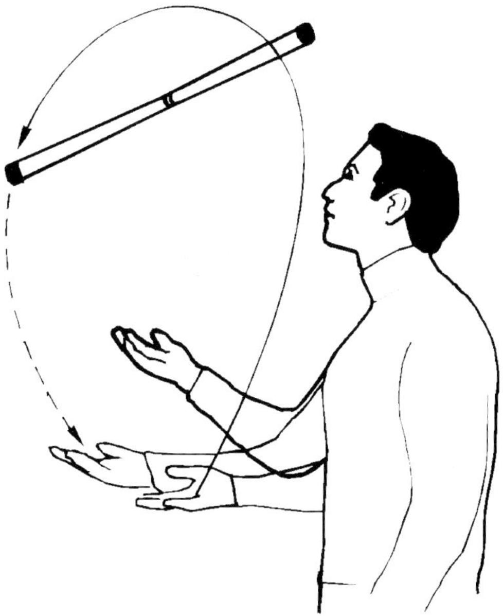

Andere Balancepunkte

Du kannst die gleiche Balance an vielen verschiedenen Körperstellen ausprobieren. Wie wäre es mit der Fingerspitze?

Halte die Balance, während du den Arm langsam über Kopfhöhe hebst.

Kinn und Nase funktionieren auch gut, vor allem wenn du gerne Seelöwen nachahmen willst.

Für Zeh- und Fußbalancetricks solltest du Schuhe mit glatter Oberfläche anziehen. Kung-Fu- oder Tanzschuhe eignen sich ganz gut dazu. Du wirst es bequemer haben, wenn du mehrere Paar Strümpfe anziehst.

Schwenke das Bein ein paar Zentimeter nach vorne, so daß du den Fuß abknicken und die Zehen nach unten spreitzen kannst, ohne den Boden zu berühren. Stelle dir den Devil Stick direkt am Zehansatz auf den Fuß. Bring den Stock in die Vertikale und laß ihn vorsichtig los. Es erfordert vielleicht mehr Zeit diesen Trick zu lernen, aber das Prinzip ist das gleiche wie bei der Handbalance.

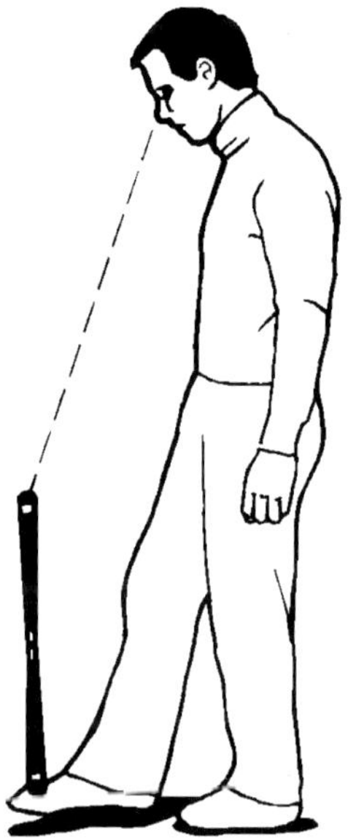

Übergabe von einem Balancepunkt zum anderen

Wenn es dir gelingt, den Devil Stick an mehreren Körperstellen sicher zu balancieren, kannst du ihn von einer dieser Stellen zur anderen übergeben, ohne daß er aus der Balance gerät. Die Übergabe erfolgt mit dem Finger. Die Fingerspitze geht unter die Kante des Devil Stick, hebt ihn vom jetzigen Balancepunkt ab und wird vorläufig selber zum Balancepunkt. Es gibt viele Möglichkeiten für eine Übergabe: von Fingerspitze zu Fingerspitze, von Fingerspitze aufs Kinn, auf die Hand, oder sonstwohin.

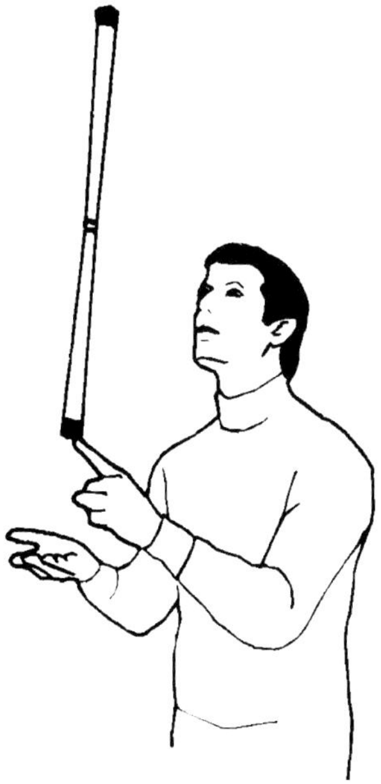

Auffangen in der Balance

Nachdem du die einfache Balance gelernt hast, versuche den Devil Stick am Anfang nicht zu plazieren sondern aufzufangen. Halte ihn etwa 3 cm senkrecht über deinen Fuß. Laß den Stock möglichst vorsichtig fallen und beginne gleich mit dem Balancieren. Vergrößere schrittweise die Fallhöhe, bis das untere Ende etwa auf Hüfthöhe ist. Jetzt kannst du den Stock direkt aus einer Handbalance auf den Fuß fallenlassen. Deine Hand muß schneller als die Fallgeschwindigkeit des Devil Stick nach unten weggezogen werden. Laß den Devil Stick möglichst senkrecht fallen, und halte die Fußspitze direkt unter die Hand. Einige Leute finden die Fußbalance einfacher, wenn sie den Fuß etwas anheben und ihn dann beim Auffangen senken, um den Fall langsam abzufedern.

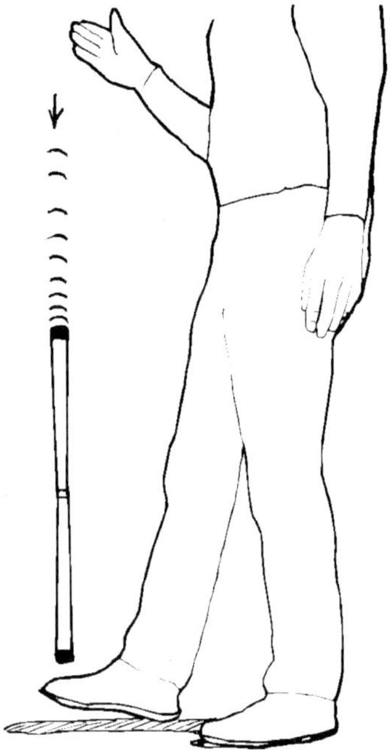

Statt von oben nach unten, geht's jetzt von unten nach oben: z.B. von der Fingerspitze zum Kinn. Beginne mit der Fingerspitze fast auf Kinnhöhe, bis du ein Gefühl dafür bekommst. Allmählich kannst du die Fingerspitze auf Hüfthöhe runterziehen. Mit der Zeit wird eine kleine Handbewegung aus der Hüfte genügen und — Schwupp! — da steht der Devil Stick schon ganz sicher auf deinem Kinn. Das Beste, was man erreichen könnte, wäre vielleicht ein Wurf vom Kinn zur Fußspitze und wieder hoch.

Kapitel IV

Bisher ist die Partnerarbeit ein kaum erforschtes Gebiet des Devil Stick-Spiels gewesen. Es ist unsere Aufgabe, diesen Bereich der Kunst zu entwickeln und auszubauen. Hier einige Anregungen, damit die Stöcke endlich fliegen.

Zwei Partner teilen einen Devil Stick

Zwei Spieler können als jeweils eine Hälfte einer Devil Stick-Partnerschaft zusammenspielen. Stellt euch nebeneinander auf. Der innere Arm liegt um die Schulter des Partners oder flach am Körper. Einer übernimmt den rechten Handstock, der andere den linken. Dies ist etwas schwieriger als das Solo-Spiel, weil dir jetzt das Feedback aus der eigenen Hand fehlt, das dich normalerweise warnt, wie fest oder weich der Mittelstock eben geschlagen worden ist. Stattdessen können nur die Augen die Flugbahn beurteilen und vorausahnen. Aber durch Übung und durch Kommunikation mit dem Partner dürftet ihr es schon schaffen.

Statt nebeneinander zu stehen, könntet ihr euch auch gegenüberstehen. Stellt euch auf ca. Armlänge voneinander auf. Der Mittelstock fliegt zwischen euch. Der Vorteil dieser Aufstellung liegt darin, daß ihr beide die starke Hand einsetzen könnt, falls ihr beide Rechtshänder seid. Durch einen schnellen Tausch der Handstöcke könnt ihr Solo- und Partnertricks kombinieren, ohne unterbrechen zu müssen. Wenn einer von euch den Mittelstock eine hohe Drehung machen läßt, habt ihr genügend Zeit, den Handstock zu überreichen, damit der Partner den Mittelstock als Solospieler auffangen kann.

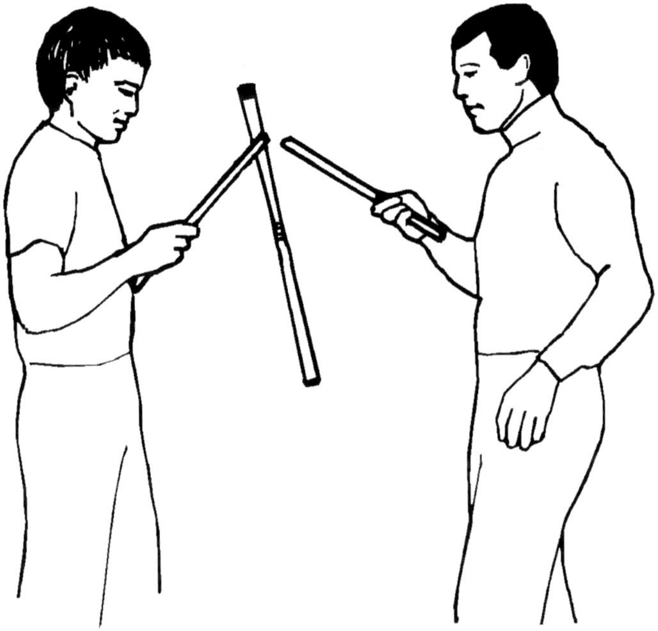

Zwei Partner mit einem Mittelstock und je zwei Handstöcken

Jetzt könnt ihr den Mittelstock wie einen Spielball hin- und herwerfen. Stellt euch nebeneinander oder voreinander auf und einigt euch vorher auf bestimmte Zeichen, damit der Pass nicht überraschend kommt. Ein guter, leicht fangbarer Pass geht über Kopfhöhe und dreht sich ziemlich schnell. Wirf den Mittelstock so, daß er mindestens eine ganze Drehung macht — noch mehr, wenn du es schaffst.

Eine weitere Pass-Formation geht von vorne nach hinten. Der Mittelstock fliegt über deinen Kopf hinweg zu deinem Partner, der hinter dir steht.

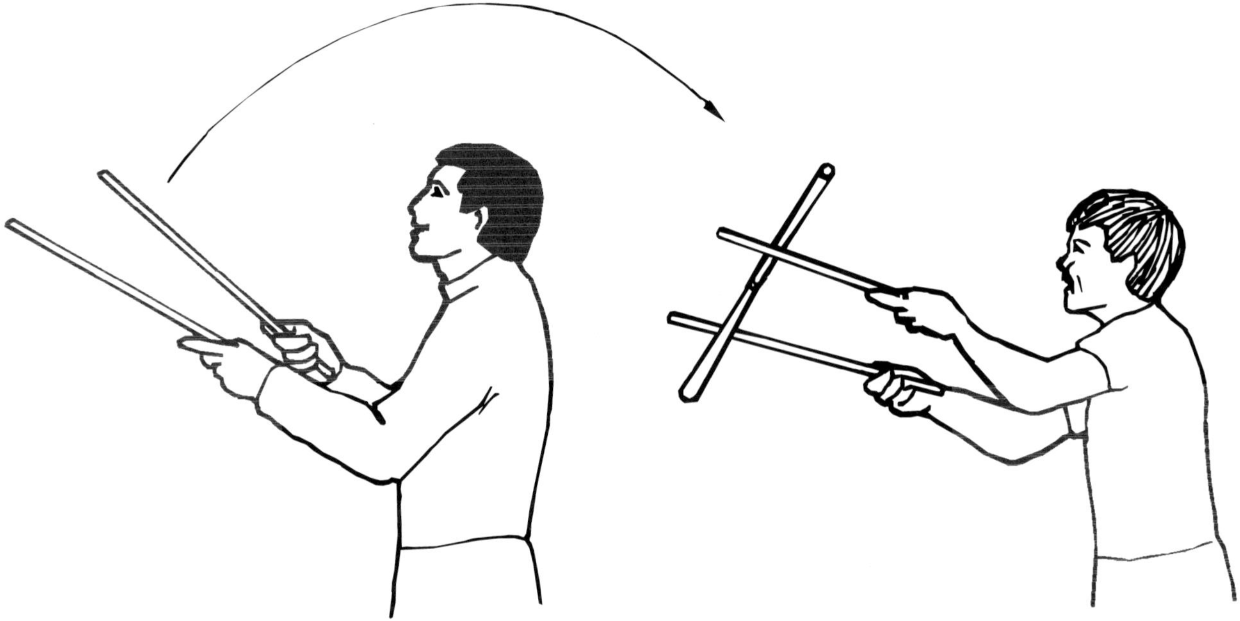

Oder ihr könntet Rücken an Rücken stehen, so daß der Stock auch über den Kopf des Empfängers fliegt.

Statt den Mittelstock von dir weg zu werfen, wirfst du ihn senkrecht hoch, und zwar hoch genug, um dir Zeit zu geben, das Feld zu räumen, während dein Partner von hinten dazukommt und den Stock auffängt.

Einen so hochgeworfenen Devil Stick fängst du mit Hilfe der Doppelschlag-Technik auf. Wenn er sich im Uhrzeigersinn dreht, sollte die rechte Hand die obere Hälfte des Mittelstockes greifen. Wenn er sich gegen den Uhrzeigersinn dreht, sollte die linke Hand die obere Hälfte übernehmen.

Bisher wurde der Pass immer vom ersten Spieler initiiert, indem er den Mittelstock absichtlich zum zweiten geworfen hat. Aber stattdessen kann der zweite Spieler die Initiative ergreifen, und dem ersten den Mittelstock abnimmt. Der “Dieb” kann sein Opfer entweder von vorne angreifen, ober sich von hinten anschleichen. Dann stiehlt er er den Mittelstock von der Seite. Ein guter Dieb hebt den Arm etwas höher als das Opfers, damit er den Mittelstock abfangen kann, bevor das Opfer eine Chance gehabt hat, ihn — den Stock! — zu schlagen.

Selbstverständlich ist das Opfer nicht ganz hilflos. Er muß sich nur um den Dieb herumschleichen und sich den Stock wieder zurückholen. Der Rundlauf sieht besonders gut aus: beide Spieler laufen umeinander herum und nehmen sich den Stock ständig gegenseitig ab. Spieler A beginnt solo mit dem Devil Stick. Auf Zeichen von Spieler B, der hinter A's rechter Schulter steht, fangen sie an, den Mittelstock zu tauschen. Mit der linken Hand spielt A nach rechts und geht aus dem Weg. B übernimmt A's Position und fängt den Mittelstock mit der rechten Hand. A läuft hinter B herum, um B's alte Position einzunehmen. Nun nimmt A mit der rechten Hand den Mittelstock wieder ab und nimmt seine ursprüngliche Position ein.

Zwei oder mehr Partner, jeder hat ein vollständiges Devil Stick-Set

Einige chinesische Akrobatiktruppen zeigen wunderschön choreographierte Nummern, bei denen alle Akteure den gleichen Trick synchron vorführen. Dies erfordert Planung und Übung, um die verschiedenen Tricks zu synchronisieren und das Timing der Übergänge auszuarbeiten. Mit ihren musikalischen Stichpunkten, komplizierten Schritten und Partnertausch erinnert eine solche Nummer an einen amerikanischen Square Dance.

Wenn ihr euch nebeneinander aufstellt und vorher festlegt, wer in der vorderen und wer in der hinteren Wandebene werfen soll, könnt ihr eure Mittelstöcke austauschen. Sind die Mittelstöcke erkennbar unterschiedlich dekoriert, könnt ihr damit eine komische Nummer aufbauen, bei der jeder den blauen bzw. den roten Stock haben möchte. Oder vielleicht ist einer der Stöcke offensichtlich besser oder schöner als der andere. Bei den vielen Wechseln hätte jeder Zuschauer die Chance, die Stöcke zu vergleichen.

Zwei Partner können drei Stöcke im Jongliermuster hin und herwerfen. Wegen der Länge und der Dreheigenschaften des Stockes (sie drehen sich ausschließlich in der Wandebene), funktioniert die Achter-Form der normalen Jonglage nicht besonders gut. Stattdessen könntet ihr versuchen, den Luftraum in eine vordere und eine hintere Wandebene aufzuteilen, um zu vermeiden, daß die Stöcke in der Mitte zusammenstoßen. Oder einer von euch könnte den Stock höher werfen, während der andere ihn eher flach herüberschickt.

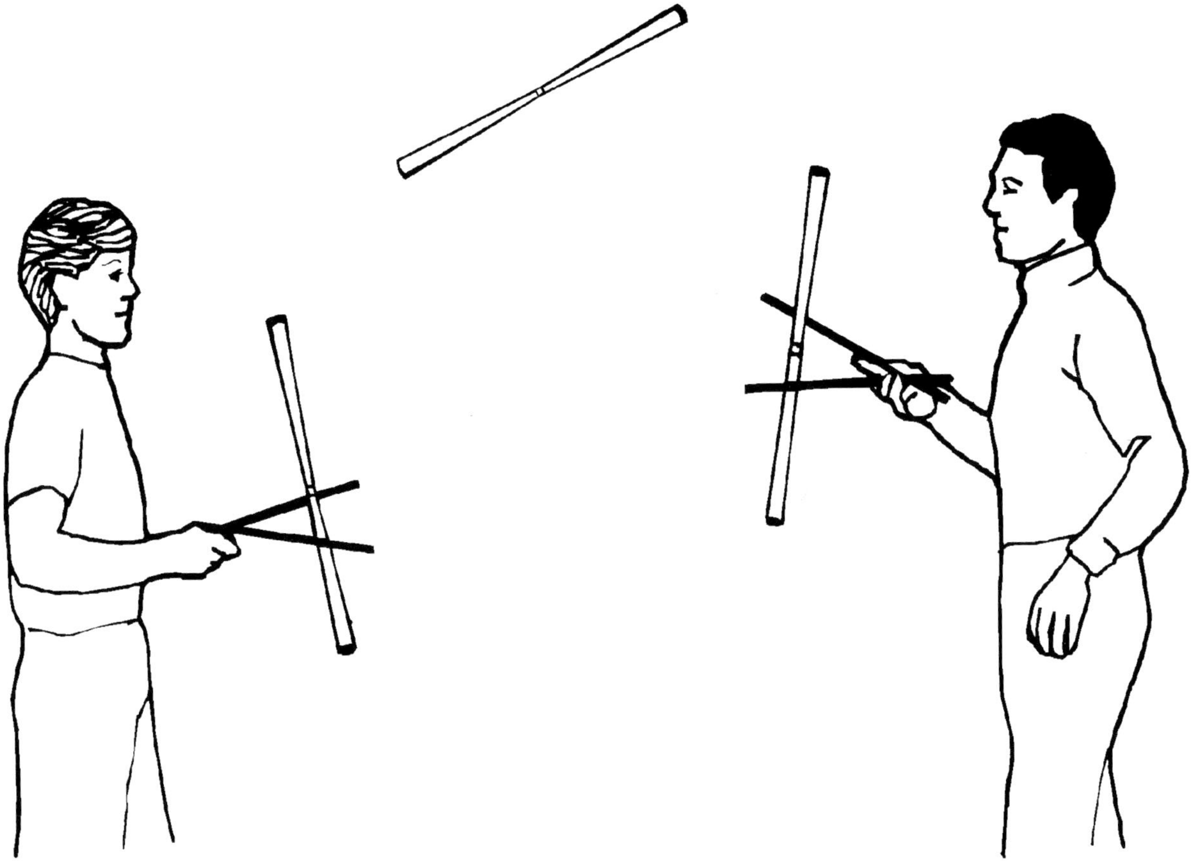

Spiele mit Devil Sticks

Es gibt Spiele, die umgeändert werden können, um die Eigenschaften des Devil Sticks einzubeziehen und das Geschick der Spieler herauszufordern.

Eierwurf — Teilt euch in Zweier-Mannschaften und stellt euch in zwei Reihen auf. Jeder steht seinem eigenen Partner gegenüber. Die Devil Sticks werden hin und hergepasst. Nach jedem erfolgreichen Pass gehen die Partner einen Schritt nach hinten, um die Passdistanz zu vergrößern. Die Mannschaft, die den Stock über die größte Distanz werfen und auffangen kann, gewinnt.

Staffellauf — Die Teilnehmer müssen den Devil Stick soweit unter Kontrolle haben, daß sie damit laufen können. Falls einer den Stock fallenläßt, muß er ihn wieder in Gang bringen, bevor er weiterläuft. Der Mittelstock muß zum nächsten Läufer der Mannschaft geworfen werden, bevor dieser losrennen darf. Für dieses Spiel braucht ihr lediglich einen Mittelstock und drei Handstock-Sets pro Mannschaft. Der Läufer braucht immer ein komplettes Set. Die Mannschaften müssen immer dafür sorgen, daß der zuletzt Gelaufene seine Handstöcke zum nächsten Läufer weiterreicht.

Neil Stammer, 1986

Kapitel V

Das Spiel mit dem Devil Stick macht nicht nur Spaß, sondern es kann auch gut für dich sein. Du wirst vielleicht in einigen oder allen der folgenden Bereiche eine aus dem Devil Stick-Spiel resultierende Verbesserung feststellen.

- Hand-Auge-Koordination — Du kannst deine Koordination verbessern. Hand-Auge-Koordination wird durch Übung gelernt. Die Koordination, die du durchs Üben mit dem Devil Stick gewinnst, läßt sich auf andere Tätigkeiten übertragen.
- Timing- und Rhythmusgefühl — Du kannst dein Rhythmusgefühl verfeinern. Richtige Technik bedeutet nicht nur, daß du die räumliche Kontrolle über den Stock behältst, sondern auch, daß die Bewegungsabläufe im richtigen Takt ausgeführt werden. Es bleibt nicht aus, daß dich der Rhythmus des purzelbaumschlagenden Devil Stick mit dem Rhythmus des Universums in Einklang bringt.
- Konzentrationsfähigkeit — Du kannst deine Konzentrationsfähigkeit erweitern. Der Devil Stick bietet eine ständige Herausforderung und macht einfach Spaß. Deshalb wirst du dranbleiben und ihn nicht weglegen wollen. Wenn du ihn doch weglegst, wirst du ihn sofort wieder in die Hand nehmen wollen.
- Disziplin — Du kannst deine Selbstdisziplin trainieren. Obwohl es natürlich Spaß macht, nach Lust und Laune mit dem Devil Stick zu spielen, mußt du dich konzentriert anstrengen, wenn du ein hervorragender Spieler werden willst. Du mußt sowohl Zeit als auch Energie investieren, um einen neuen Trick zu meistern.
- Selbstbewußtsein — Du kannst selbstbewußter werden. Wenn du eine Verbesserung deiner Devil Stick-Technik feststellst, wirst du dich über dein bisher unentdecktes Talent freuen. Du hast auch ein Recht, stolz darauf zu sein. Schließlich kannst du jetzt ziemlich tolle Tricks ausführen. Zeige anderen, was du alles kannst. Nimm jede Gelegenheit wahr, deine Devil Stick-Künste einem Publikum vorzuführen.

Verschiedene Lernmethoden

In diesem Buch geht es um das "Wie", und wie alle "Wie"-Bücher will es dir eine Reihe von Fertigkeiten vermitteln. In diesem Fall geht es um die verschiedenen Möglichkeiten, einen Devil Stick zu manipulieren. Aber im Gegensatz zu vielen "Wie"-Themen gibt es hier keine äußeren Faktoren oder Zeitvorgaben, die festlegen, wie schnell oder wie gut du lernen solltest. Darüber bestimmt nur deine eigene Motivation. Die meisten "Wie"-Fertigkeiten haben gravierende Folgen, wenn du sie nicht richtig beherrschst: die Wasserleitung tropft, der Tisch steht schief, du bekommst die Arbeitsstelle nicht, die Blumen gehen ein. Bei der in diesem Buch behandelten Fertigkeit kann der Devil Stick nur herunterfallen (keine Angst, er ist stabil gebaut), und du kannst den Trick eben noch einmal versuchen.

Folglich kannst du es dir leisten, aus dem Lernprozeß ein Spiel zu machen. Du lernst dabei nicht nur, wie du am besten mit den Devil Stick umgehst, sondern auch, wie du am besten lernst.

In diesem Sinne ist der Devil Stick eine wichtige Lernhilfe. Du kannst beobachten, wie du einen neuen Trick mit dem Devil Stick lernst. Daraus kannst du Einsichten über deine Herangehensweise beim Lernen überhaupt gewinnen. Das Devil Stick-Spiel ist eine risikofreie Tätigkeit, die mit den Lebensbereichen, in denen Fehler ernsthafte Folgen haben, nichts zu tun hat. Du kannst also ruhig mit verschiedenen Lernstilen experimentieren, ohne dich von der Notwendigkeit eines schnellen Erfolgs unter Druck setzen lassen zu müssen. Wenn die eine Methode nicht funktioniert, kannst du einfach eine andere probieren, ohne dabei irgendetwas zu verlieren.

Manche können es nicht erwarten, mit dem Devil Stick loszulegen. Aber wenn sich nicht sofort Lernerfolge einstellen, geben sie wieder auf. Andere üben beharrlich, bis sie den Stock soweit unter Kontrolle haben, daß sie rufen können: "Guck mal, ich hab's raus!" Aber dann lernen sie oft nur einen oder zwei Tricks, geben sich mit diesem bescheidenen Ansatz zufrieden und legen den Stock wieder weg. Die beharrlicheren Schüler arbeiten vielleicht stundenlang daran, ihr eigenes Potential und die Grenzen des Spielzeugs selbst zu erforschen. Einige erfinden vielleicht neue Tricks. Diejenigen mit akademischen Neigungen wollen vielleicht etwas über die Geschichte dieses alten Geräts recherchieren.

Die Hauptsache ist hier, daß du nicht an eine bestimmte Lernmethode gebunden bist. Hab einfach deinen Spaß daran und spiele mit dem Lernen der Tricks herum. Wenn du ein Mensch bist, der sich normalerweise schnell entmutigen läßt, dann bleib diesmal doch dran: vielleicht solltest du im stillen Kämmerlein üben. Wenn du zu denjenigen gehörst, die es immer eilig haben, könntest du versuchen, den Devil Stick etwas langsamer anzugehen. Mach dir vorher Gedanken, wie du die nächste Übungssession gestalten möchtest.

Betrachte dieses Buch als eine Möglichkeit, nicht nur eine bestimmte Fertigkeit — die Kunst des Devil Stick — zu erlernen, sondern auch zu lernen, wie du lernst. "Meta-Learning" könnte man sagen.

Der Devil Stick gehört in die breite Kategorie der Gegenstände, die die Menschen gern drehen, wirbeln oder schaukeln lassen. Es gibt viele Spielsachen — Kreisel, Jojos, Hulahups und Frisbees — die auch diese grundsätzliche menschliche Faszination für sich drehende Gegenstände widerspiegeln.

Viele Artisten verlassen sich gänzlich oder zum Teil auf die hypnotisierende Kraft eines sich drehenden Gegenstands, um ihr Publikum zu begeistern und zum Staunen zu bringen. Batondreher, Lassokünstler, Keulenjongleure, Schauexerzierteams mit Gewehren, sogar Schlagzeuger, die ihre Stöcke zwischen den Takten um den Finger drehen lassen — alle beziehen sich auf unsere kollektive Faszination für die Kreisform. Unsere zappeligen Finger und unser experimentierfreudiges Gehirn finden oft Möglichkeiten, auch die alltäglichsten Gegenstände drehen und wirbeln zu lassen. Der New Yorker Cop, der seinen Schlagstock schwingt; der Basketballspieler, der während der Auszeit den Ball auf seinem Finger drehen läßt; der Nachtwächter, der die Schlüssel am Schlüsselbund drehen läßt — alle haben dadurch Anteil an der kreisförmigen Natur des Kosmos.

Wie der Aikido-Meister sagte: "Wir alle machen Kreise, der Meister wie der Anfänger." — Wie groß sind deine?

Jochen Schell

Kapitel VI

Bei der Behandlung der Geschichte irgendeines Gegenstandes sind zwei Fragen zu beantworten: wo liegt sein Ursprung und wie hat er sich verbreitet?

Ursprung des Devil Stick

Der Devil Stick gehört zu den einfachen Spielgeräten. Die Bestandteile des Devil Stick-Sets sind primitiv: drei Stöcke. Das einfache Design ist mit der Schlichtheit des Jojos, des Kreisels oder des Balls vergleichbar. Wie bei der Handhabung all dieser Spielsachen gibt es eine große Bandbreite von Schwierigkeitsgraden, von Anfängertricks bis zu fortgeschritten Übungen. Der genaue Ursprung des Devil Stick ist, wie bei den meisten einfachen Spielgeräten, der Geschichtsforschung nicht mehr zugänglich.

Der gewöhnliche Stock war für die ersten Menschen ein so wichtiges, vielseitiges Werkzeug, daß er mit einer Ehrfurcht betrachtet wurde, die beinahe an kultische Mystik grenzt. Im ersten Kapitel des ersten Bands von The Story of Civilization beschreibt

Will Durant die Entwicklung der Werkzeuge, die die primitiven Völker der Natur entnahmen.

Das Potential für viele Werkzeuge befand sich in der Pflanzenwelt, die den primitiven Menschen umgab. Aus dem Bambus fertigte er Speere, Messer, Nadeln und Flaschen. Aus Ästen machte er Zangen, Pinzetten und Schraubstöcke. Er trug Kordel und Kleidung, die er in hunderterlei verschiedener Art aus Baumrinde oder Fasern flocht. Vor allem machte er sich einen Stock. Der Stock war eine bescheidene Erfindung, ein Macht- und Autoritätssymbol, das sich im Zauberstab der Fee und im Hirtenstab des Schäfers wiederfindet, so wie in der Rute von Mose und Aaron, dem Elfenbeinstab des römischen Konsuls, dem lituus des Auguren, dem Amtsstab eines Magistrats oder dem Zepter eines Königs. In der Landwirtschaft wurde aus dem Stock eine Hacke; im Krieg wurde er zur Lanze oder zum Speer, zum Schwert oder zum Bajonett[1].

Bei so viel Kraft, die einem Stock innewohnt, ist es leicht zu verstehen, warum der Mensch ihn mit Ehrfurcht betrachtete. Wer also, wie beim Devil Stick, einen Stock zum Hüpfen,Springen und Tanzen bringen konnte, muß wohl auf die Menschen wie ein Zauberer gewirkt haben. Man könnte meinen, daß ein abergläubisches, primitives Volk einen solchen Gegenstand durchaus als einen teuflischen Stock betrachten könnte. Vielleicht glaubten diese Menschen, daß derjenige, der ihn so unter Kontrolle brachte, einen Pakt mit dem Geist des Bösen geschlossen haben mußte. Zum Glück stimmt das mit den Tatsachen nicht überein. Der wahre Grund für den Namen "Devil" Stick ist viel banaler. Er stammt aus dem griechischen Wort für "hinüberwerfen", aber davon später mehr.

Eins der frühesten schriftlichen Dokumente dieses Spielzeugs beweist, daß der Devil Stick über zweihundert Jahre alt ist[2].

Aller Wahrscheinlichkeit nach existierte er schon viel früher, vielleicht schon vor Jahrtausenden. Immerhin verfügte der Mensch von damals schon über die dazu notwendigen Materialien und über ausreichendes technisches Wissen.

In China wird der Devil Stick anders genannt: "hua kun". "Hua" bedeutet Blume oder blumig, und "kun" bedeutet Stock. Daher hua kun, der Blumenstock. Zwei dünne Bambusstöcke dienen als Handstöcke, während der schwerere und größere Mittelstock mit bunten Stoffstreifen aus Kattun umwickelt ist. An beiden Enden hängt eine bunte Quaste. Einige Drehbewegungen dieses bunten Mittelstockes erinnern an eine aufblühende Blume, daher der Name. (Wie der chinesische "Blumenstock" zum griechischen "Herüberwerfstock" und schließlich zum englischen "Devil Stick" wurde, erzähle ich später.)

Der Blumenstock diente als Spielzeug oder als Requisit in einer Art Volkstanz. Die Spieler sangen und tanzten, während sie mit dem Blumenstock den Takt schlugen und verschiedene Tricks vorführten. Es gibt sogar einen gesungenen Reim: "ta hua kun", "den Blumenstock schlagen". (Das chinesische Wort "ta" bedeutet schlagen.) Ein weiteres Volksspielzeug, das traditionell mit Reimen und Tanzbewegungen verbunden ist, ist das Springseil.

Wahrscheinlich geschah folgendes: Die besseren Blumenstockspieler wurden gebeten, ihre Fertigkeiten bei Festivals und besonderen Anlässen vorzuführen, um zur guten Stimmung beizutragen. Auf diese Weise avancierte das gewöhnliche Volksspielzeug zum Status einer professionell ausgeübten Kunstform. Das Buch An Account of Great Attractions in the Imperial Capital During New Years Celebrations, 1758 zur Zeit der Tsching-Dynastie geschrieben, enthält eine frühe Beschreibung einer Blumenstock-Vorführung[3]. Aus diesem Bericht erfahren wir, daß der Blumenstock eine von vielen Attraktionen war, die während der Feierlichkeiten zu beobachten waren.

Eine ähnliche Entwicklung vom Spielzeug zum Künstlerrequisit zeichnet sich in anderen Bereichen ab. Denk an die Funkemariechen, die zur Fastnacht ihre Kunststücke mit dem Baton zeigen. Oder an regionale und nationale Frisbee-Wettbewerbe, bei denen die besseren Spieler ihr Können zeigen. Solche Wettbewerbe dienen als Werbung für diese Sportart und bieten den Spielern auch die Gelegenheit, ihre Kenntnisse auszutauschen. Einige der besten Frisbeespieler sind Profis geworden. Sie touren durch die Lande und veranstalten ganze Shows mit der fliegenden Scheibe.

Wir haben das Glück, in einer Zeit zu leben, in der der Blumenstock und andere Zirkus- und Jonglierkünste in der Volksrepublik China ein Renaissance erleben. Am 1. Oktober 1950, am ersten Jahrestag der Befreiung, wohnten der Vorsitzender Mao Zedong und der Premierminister Zhou Enlai einer privaten Vorstellung von zirkusverwandten Künste in Beijing bei. Als Folge dieser Veranstaltung wurde ein nationales Förderungsprogramm für Zirkuskünste und Akrobatiktruppen ins Leben gerufen[4].

Dieses Programm hat sich als ziemlich erfolgreich erwiesen. Die Zirkustruppen enthalten nicht nur auf städtischer, regionaler und Provinzebene öffentliche Gelder. Es kann als Anzeichen für die große Nachfrage für diese alte Unterhaltungsform gewertet werden, daß einige Truppen sogar auch von Landkommunen, großen Industriebetrieben und der Armee subventioniert werden. Heute bestehen achtzig solche Truppen, die in ganz China aktiv sind[5]. Sie zeigen ein Standardrepertoire aus der chinesischen Tradition der "einhundert Unterhaltungen", das als Grundlage beherrscht wird. Jede Truppe spezialisiert sich zusätzlich auf einen bestimmten Stil oder ein besonderes Requisit. Die Nanjing-Truppe hat sich auf Jonglage spezialisiert, die Truppe aus Guangzhou (Kanton) zeigt vorwiegend Balance, usw.

1958 begann die Shenyang-Truppe damit, eine Nummer zu entwickeln, bei der der Blumenstock in Verbindung mit Volksmusik, Tanz und Akrobatik gezeigt wurde[6]. Heute gehören die Mitglieder der Shenyang-Truppe zu den führenden Blumenstockspieler der Welt.

Über die Jahrhunderte haben die Blumenstockspieler ein Sprichwort weitergegeben, das die vier zur Meisterschaft notwendigen Eigenschaften beschreibt. "Laß deinen Körper agil sein, halte deine Ellbogen ruhig, laß jede Bewegung klar und präzise sein, und erfinde unzählige Variationen[7].

Verbreitung

Bevor wir zur Verbreitung des Blumenstockes in den Westen kommen, werfen wir einen kurzen Blick auf ein weiteres chinesisches Spielzeug, das einige Ähnlichkeiten mit dem Blumenstock aufweist: "kouen gen" oder, wie es im Westen heißt, das Diabolo. Grob übersetzt, heißt "Kouen gen" soviel wie "hohle Glocke". Auch dieses Spielzeug besteht aus zwei Handstöcken, die einen dritten Mittelstock bearbeiten. Bei der hohlen Glocke ist der Mittelstock kürzer und die Verjüngung stärker. An den Enden des Mittelstockes sind zwei hohle Bambusräder mit ca. 8 cm Durchmesser angebracht. Der "Stock" ist also in Wirklichkeit eher eine Achse, die diese beiden Räder verbindet.

Eine Schnur, die die beiden Handstöcke verbindet, wird unter die Achse des Mittelstockes geführt. Mithilfe dieser Schnur wird — auf ähnliche Weise wie beim Jojo — die hohle Glocke zum Drehen gebracht.

Im Englischen heißt die hohle Glocke Diabolo oder manchmal auch "devil on two sticks". Die Ähnlichkeit zwischen den Namen Devil Stick und Diabolo ist bemerkenswert. Eigentlich könnten wir sie als zwei Varianten des gleichen Spielzeugs betrachten. Bei dem einen bewegt sich der Stock hin und her, während er sich beim anderen dreht.

Die Geschichte geht weiter

Der Blumenstock wurde höchstwahrscheinlich Mitte der 1790er oder Anfang der 1800er Jahre aus China in den Westen eingeführt. Damals hatten die europäischen Regierungen starkes Interesse daran, den Handel mit dem Osten auszubauen. Während Europäer die Erlaubnis erhielten, in der Hafenstadt Shanghai anzulegen und dort Handel zu treiben, erklärte der Kaiser das Landesinnere zum Sperrgebiet für ausländische Händler.

1794 führte Lord George Earl Macartney eine englische Expedition an, deren Zweck darin bestand, eine Botschaft im Innern Chinas zu etablieren und somit auf lange Sicht Handelsbeziehungen mit dem ganzen Land zu entwickeln. Obwohl die Reise erfolglos blieb — die Delegation durfte nur 67 Tage bleiben, bis der Kaiser sie ersuchte, sein Land wieder zu verlassen — konnten sich die Mitglieder ein Bild vom chinesischen Alltag machen, das bis dahin nur ganz wenigen Europäern vergönnt war[8].

Daß unter Europäern großes Interesse am Osten bestand, bezeugt die Tatsache, daß nicht nur Lord Macartney seine Reisebeobachtungen veröffentlichte, sondern auch einige andere Mitglieder der Delegation. Es sollte beiläufig erwähnt werden, daß eins dieser Delegationsmitglieder später dadurch berühmt (oder berüchtigt) wurde, daß er ein ähnliches Reisetagebuch veröffentlichte: Die Meuterei auf der Bounty.

Ein gewisser Adrian Houcksgeet Van Braam hatte die Aufgabe, über eine ähnliche Botschaftsmission zu berichten, die 1796 seitens der Holländer unternommen wurde, um eine Handelsniederlassung in China zu gründen. Wieder ging die Expedition am Ende erfolglos aus, aber einige Mitglieder veröffentlichten ihre Tagebücher in Europa, in denen der chinesische Alltag beschrieben wurde.

Einige Jahre später begannen ein paar in China stationierten französische Missionare damit, Berichte und Handwerkserzeugnisse aus China an M. Bertin, einen befreundeten französischen Regierungsbeamten, zu schicken. Bis 1812 hatte er genug Material gesammelt, um sein Buch La Chine en Miniature zu veröffentlichen, ein Handbuch für Franzosen über den Alltag der Chinesen[9].

Ungewiß bleibt, welcher von diesen Chronisten den größten Beitrag zur Popularisierung des Blumenstockes und der hohlen Glocke geleistet hat. Es ist durchaus möglich, daß sie in allen Büchern erwähnt und dadurch bekannt wurden. Im Programmzettel für die Abendvorstellung eines Berliner Theaters aus dem Jahre 1813 wurde "die Vorführung des chinesischen Stockspiels von Medua und Mooty Samme" angekündigt[10]. Obwohl die Namen Blumenstock oder hohle Glocke hier nicht ausdrücklich erwähnt werden, können wir davon ausgehen, daß sie mit "Stockspiel" gemeint waren. Somit ist das Programm ein Beleg dafür, daß beide Spielgeräte spätestens dann nach Europa eingeführt wurden.

All die Botschafter, Missionare und Regierungsbeamten waren gebildete Leute. Das müssen sie gewesen sein, um solch verantwortungsvolle Führungsposten zu besetzen. Der Ton ihrer Tagebücher vermittelt den Eindruck, daß sie auch höchst chauvinistisch waren. Sie schienen zu glauben, daß sie selbst und die europäische Kultur überhaupt dem heidnischen China weit überlegen sei. Ihr Wunsch, chinesische Erzeugnisse mit anderen Europäern zu zeigen, läßt sich leicht verstehen, aber es war eben kein darstellen von ernsthaften Kulturgegenständen sondern nur von Kuriositäten und Krimskrams.

Mit dieser Haltung betrachtet, bestand keine Notwendigkeit, die ursprünglichen chinesischen Namen für diese Dinge beizubehalten. Statt dessen hat man sich entschieden, eigene Namen zu erfinden. Da sie gebildete Leute waren, sprachen sie selbstverständlich Griechisch, was als Zeichen der Gelehrsamkeit galt. Auf diese Weise erhielten die Spielgeräte neue griechische Namen.

Im Griechischen bedeutet "diaballo" soviel wie "hinüberwerfen". Das Wort ist eine Zusammensetzung aus "dia", was "hinüber" oder "durch" bedeutet (vgl. Dialog — Worte, die hin- und hergegeben werden), und "bolla" oder ursprünglich "ballo", das "werfen" bedeutet (daher der Ball als Wurfspielzeug).

Wahrscheinlich wurden die beiden Spielgeräte eine Zeitlang verschiedentlich genannt: chinesisches Stockspiel, chinesisches Jojo, diaballo, hua kun, kouen gen. Mit der Zeit blieb der Name "Diabolo" bestehen, um die drehende Version des chinesischen Stockspiels zu bezeichnen, während die schlagende Version im Englischen als Devil Stick fortlebte.

Interessanterweise entstammt übrigens auch das Wort "Teufel" dieser griechischen Wurzel "diaballo", also "hinüberwerfen". Im Griechischen hat diaballo die zweite Bedeutung von "Verleumden" oder "üble Nachrede". Wenn jemand nicht geradeaus mit dir spricht sondern hinter vorgehaltener Hand mit seinem Nachbarn über dich redet, dann ist das im Wesentlichen eine Verleumdung. Im englischen politischen Jargon heißt diese Verleumdung eines Gegners "mudslinging": nach allen Seiten mit Schlamm werfen.

Der Verleumder (diabolos) erscheint in der frühen griechischen Bibel. Als Jesus Christus vierzig Tage und vierzig Nächte in der Wüste fastet, wird er von einem diabolos versucht (Matthäus IV, 1). Aus diesem allgemeinen Verleumder, der irgendein böser Geist war, wurde die Bezeichnung allmählich präzisiert, um den bösen Geist schlechthin zu bezeichnen: Satan, der nichts Gutes sprechen kann. Im Spanischen gibt es "el diablo", im Französischen "le diable", im Italienischen "il diavolo" und im Englischen "the devil".

Aus dem ursprünglichen chinesischen Blumenstock ist auf dem griechischen Umweg des "Überwurfstockes" der englische "Devil Stick" entstanden. Aber wie du ihn auch nennen willst, eins ist sicher: er bringt Spaß.

1 Will Durant, The Story of Civilization, Band I: Our Oriental Heritage, New York 1954, S.12
2 An Account of the Great Attractions in the Imperial Capital During New Years Celebrations, übers. Zhan Gao (Beijing 1978), S.10
3 Ebenda
4 The Great Circus of China, Programmheft, Kanada 1982, S.5-6
5 Ebenda.
6 Ebenda.
7 Ch'u Pan She, Chun-kuo tsa chi i shu, qübers. Zhan Gao, Shanghai 1959, S.86
8 Lord George Macartney, An Embassy to China, Hamden 1963
9 M. Bertin, La Chine en Miniature, Paris 1811
10 Ricky Jay, Leserbrief an Jugglers' World, Nr.35 (März 1983), S.23-24.

Neil Stammer, 1986

Neil Stammer, 1986

Kapitel VII

Ich hoffe, daß dieses Buch dir gefällt und du darin eine nützlich Hilfe findest, um das Spiel mit dem Devil Stick zu lernen. Glaube bitte nicht, daß alle Aspekte des Devil Stick darin behandelt und alle Trickmöglichkeiten beschrieben worden sind. Denk das weise chinesische Sprichwort, in dem es heißt: "erfinde unzählige Variationen". Hier sind genausoviele Tricks nicht behandelt, wie es Menschen gibt, deren Phantasie noch daran arbeitet, sie zu erfinden. Zur Zeit arbeite ich daran, mit dem Devil Stick hinter dem Rücken zu spielen

Als Vorlage für neue Ideen und Tricks bietet sich die Welt des Jonglierens geradezu an. Du könntest versuchen, Dreiballtricks auf den Devil Stick zu übertragen. Da es unter Jongleuren üblich ist, Tricks auszutauschen, dürfte es nicht schwer sein, einige Tips zu bekommen.

Der andere Teil des chinesischen Sprichworts lautet: "Laß jede Bewegung klar und präzise sein." Welche Tricks kannst du am besten aufeinander folgen lassen? Wie sieht deine Präsentation aus? Du solltest dich nicht nur darauf konzentrieren, einen bestimmten Trick zu meistern, sondern dabei auch auf deine Körperhaltung und Ausstrahlung achten. Sieht es gut aus, wie du diesen Trick spielst? Warum dich anderen Bereichen zuwenden, wenn es doch hier noch so viel zu erforschen und perfektionieren gibt?

Sobald du das Grundmuster beherrschst, solltest du dich nach anderen Gegenständen umschauen, die wie eine Devil Stick funktionieren könnten. Im Prinzip kannst du jeden schmalen, länglichen Gegenstand benutzen.

Tennisschläger funktionieren sehr gut und geben der Devil Stick-Kunst eine neue Würze. Gebrauchte Tennisschläger lassen sich relativ billig erstehen. Stell dir vor, du stehst auf dem Centre Court in Wimbledon und machst dich für das Endspiel warm. Ganz locker wirfst du deinen Superprofi-Leichtmetall-Schläger zwischen zwei Handstöcken hin und her — dein Gegner ist psychisch bereits geschlagen, und das Spiels ist praktisch schon für dich entschieden.

Neil Stammer, 1986

Ein großartiges Universalrequisit für Komiker ist der Klostampfer. Mit diesem preiswerten Alltagsgegenstand als Mittelstock kannst du viele Lacher in deine Nummer einbauen.

Wie können wir das bloß in "Schwanensee" einbauen?

Statt den Devil Stick mit einem anderen Gegenstand zu ersetzen, könntest du den Devil Stick in einem unerwarteten Kontext einsetzen.

Vielleicht könntest du den Devil Stick in eine Tanznummer integrieren. Als Teil einer musikalischen Choreographie können einige Variationen und Bewegungsabläufe mit dem Devil Stick wunderschön aussehen.

Eine Fülle von Ideen bietet auch die Kunst des Batondrehens. Der Mittelstock ist kürzer als die meisten Batons, läßt sich aber trotzdem genauso handhaben. Eine batondrehende Freundin von mir behauptet, der Devil Stick sei für Körperroller besonders gut geeignet. Stell dir eine kombinierte Baton- und Devil Stick-Nummer vor, bei der die verschiedenen Stilelemente fließend (also ohne Requistenwechsel) ineinander übergehen.

Oder du könntest einen oder mehrere Mittelstöcke als Stäbe bei orientalischen Kampfsportübungen einsetzen. Ich kenne eine Frau, die auf Nachtfahrten mit öffentlichen Verkehrsmitteln immer ein Devil Stick-Set dabei hatte. Somit hatte sie nicht nur die Möglichkeit, die Wartezeiten mit Üben zu überbrücken, sondern fühlte sich auch sicherer, weil sie eine Selbstverteidigungswaffe bei sich trug.

Mit der Doppelschlag-Technik kann man verschiedene Kontrapunkt-Rhythmen schlagen. Eine Hand schlägt unten, dann schlägt die gleiche Hand wieder oben, bevor die andere zum Schlagen gekommen ist. Auf diese Weise entstehen Synkopen. Vielleicht läßt sich ein musikalischer Devil Stick als Perkussionsinstrument entwickeln.

Zusammenfassend möchte ich anmerken, daß dieses Buch nur ein Anfang ist. Wenn ich dich dazu inspiriert habe, einige der hier aufgeführten — und weitere eigene — Ideen auszuarbeiten, dann werte ich meinen bescheidenen Beitrag als erfolgreich. Aber die Welt der noch zu erforschenden Möglichkeiten steht offen, und dir steht nichts im Wege. Der

Devil Stick ist etwas Preiswertes, Tragbares, Haltbares, Harmloses und Faszinierendes — kurz: das ideale Hobby.

Auch wenn du alle in diesem Buch beschriebenen Tricks gemeistert hast, eröffnen sich immer noch neue Ausblicke. Auch nach sechs Jahren habe ich noch lange nicht alle Aspekte erforscht, die mich reizen. Jedesmal, wenn ich die Stöcke in die Hand nehme, entdecke ich etwas Neues, und so bin und bleibe ich ein ewiger Anfänger.

Ist das nicht toll?

Zum Autor:

Todd Strong ist einer der Direktoren der "International Juggling Association". Lange Zeit unterrichtete er an der Zirkusschule in Frankreich, besonders Devil Stick und Diabolo.

Heute kann man sagen, daß es Todd gelungen ist, sowohl den Devil Stick als auch das Diabolo neu in der heutigen Jonglierszene zu etablieren. Todd ist Autor zahlreicher Zeitungsartikel und Bücher zum Thema Jonglieren — unter anderem erscheint auch das Buch "Diabolo" in der edition aragon.

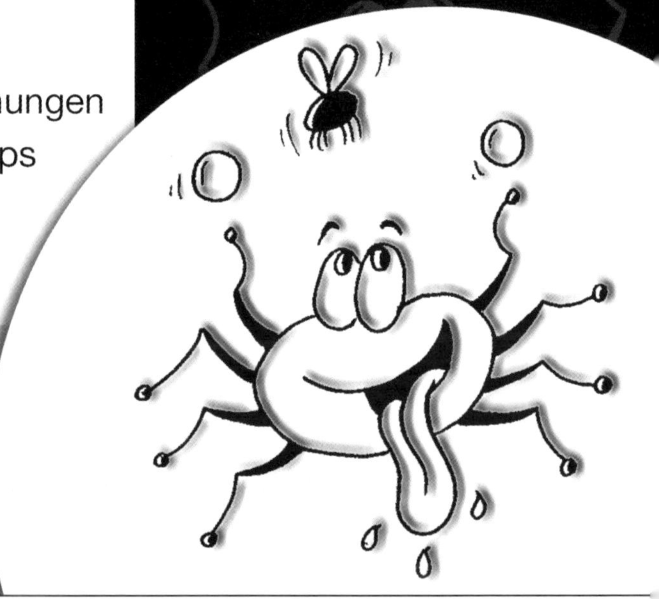